Bom Dia!

PORTUGUESE LANGUAGE TEXTBOOK · LEVEL 1

Library of Congress Cataloging–in–Publication Data

Matos, Márcia A., 1953-
    Bom dia! / by Márcia Matos and Sara M. Neto-Kalife ; photogaphy by Joseph D.
Thomas and John K. Robson.
        p. cm.
    Includes index.
    ISBN 0-932027-55-5
    1. Portuguese Language--Textbooks for foreign speakers--English. I. Neto-Kalife, Sara
M., 1952- II. Title.

PC5075.E5 M38 2002
469.82'421--dc21

                                                                    2002030875

Revised, Second Printing, © 2004. Third Printing, © 2009
Spinner Publications, Inc., New Bedford, MA 02740

Bom Dia!

Portuguese Language Textbook • Level 1

Márcia Matos

Sara Neto-Kalife

Photography and Design

Joseph D. Thomas, John K. Robson, Hannah Haines, Jay Avila

Spinner Publications, Inc.

New Bedford, Massachusetts

Acknowledgments

Spinner Publications would like to thank the following individuals, organizations and businesses whose contributions made *Bom Dia!* possible.

As a nonprofit cultural organization, Spinner Publications is committed to the publication of books that promote the history and culture of the people of southeastern New England, and that foster an understanding of the diverse groups that live in the region. We are grateful to the people whose generous support will help us achieve these goals.

Bom Dia! supporters are listed in four categories. Listed on this page are Prince Henry the Navigator Supporters, who have contributed $1,000 or more. On the following page are Luís Vaz de Camões Supporters ($500), D. Afonso Henriques Supporters ($250) and Amália Rodrigues Supporters ($100):

Millenium Bank

Massachusetts Cultural Council

Fundação Luso-Americana / Lisbon

Henry Crapo Charitable Foundation

Leonor M. Luiz, Mary T. Luiz,
Olivia M. Luiz of Dartmouth, Massachusetts

Vincent Fernandes Family
of New Bedford, Massachusetts

B.M.C. Durfee High School,
Fall River, Massachusetts

Portugal Ministry of Education

Luís Vaz de Camões Supporters

The Castelo Group
The Standard-Times
William Do Carmo & Associates

D. Afonso Henriques ~

Antonio's Restaurant

Azores Express

Ferreira's Auto Body & Sales

Inner Bay Café & Grill Restaurant

M-V Electrical Contractors, Inc.

Route 6 Auto

Silva-Faria Funeral Homes

Sippican, Inc.

Amália Rodrigues ~

Action Collection Agency
Cornell Dubilier Electronics, Inc.
Irene P. Couto
Da Cunha Chiropractic
Dartmouth Building Supply, Inc.
Kenneth R. Ferreira Engineering, Inc.
Gaspar's Sausage Co., Inc.
Karen Correia Gleason
Luzo Community Bank
New Bedford Credit Union
Elaine M. Pereira
In Memory of Mercedes A. Pitta
Reservation Golf Club, Inc.
Lionel N. Rodrigues
Seven Hills Foundation
Sowle the Florist, Inc.
TMA Plumbing & Heating

Henry the Navigator,
father of Portugal's discovery expeditions.

Credits

Authors

Márcia Matos
Sara Neto-Kalife

Editors

Joseph D. Thomas
Irene de Amaral
António Soares
Tracy A. Furtado

Graphics / Design

Jay Avila (electronic imaging)
Hannah Haines
(design, illustration)
John K. Robson (photography)
Joseph D. Thomas
(photography, design)

Contributing Writers

Cassandra Fitzgerald
Mary Lou Freitas
Tiberio Melo
Paul Ponte
Joseph Reis
William dos Reis
Tony Rodriques
Raul Rodriques

Assistance In Portugal

Vasco Graça (Lisbon)
Roberto Medeiros (Azores)
Lidel Publishing (Lisbon)
Carlos Silva (Lisbon)
António Soares (Lisbon)
Vasco Valdez (Lisbon)

Contributors

David Blanchette (illustration)
António Silva Carvalho (copy-editing)
Susana Coelho Louro (proofreading)
Lizanne Croft (design)
Milton P. George (fundraising)
Ester Gomes (consultant)
James Grasela (copy-editing)
Jeanne Paiva Paslé-Green (fundraising)
Paul Grillo (consultant)
Claire Nemes (copy-editing)
Emília Mendonça (Portugal liaison)
M. Glória de Sá (consultant)
Peter Pereira (photography)
Frank F. Sousa (consultant)
Sandra I. Sousa (proofreading)
Andrea V. Tavares (proofreading)
Anne J. Thomas (proofreading)

São Miguel, Açores

Foreword

For years, there has been a dramatic lack of teaching materials for Portuguese-language teachers at the middle and high school levels. Teachers have had to develop their own worksheets, textbook supplements and activities in order to teach within contemporary guidelines. Recognizing the scarce supply of Portuguese-language teaching materials, nine teachers from three Southeastern Massachusetts high schools—B.M.C. Durfee High School in Fall River, New Bedford High School and Taunton High School—formed a collaborative to change the situation. They were joined by high school administrators, professors at UMass Dartmouth, editors from Spinner Publications, and officials from the Ministry of Education in Portugal.

Bom Dia! (Book A) is the product of this collaboration. It covers the first year of Portuguese for middle and/or high school students. A second volume, *Bom Dia!* (Book B), will cover materials for the second year. Together, these texts cover the topics and standards set forth in Stage 1 of the Massachusetts State Frameworks for Foreign Languages, and follow the National Standards developed by the American Council on the Teaching of Foreign Languages (ACTFL).

The Standards' five strands—Communication, Connections, Cultures, Comparisons and Community—are incorporated into every unit through reading exercises, vocabulary, structure, accuracy and proficiency activities, cultural information, pronunciation guides, review materials, interdisciplinary links and technology.

Each unit begins with *Leitura*, dialogues or short readings followed by activities that expose students to vocabulary and structures that will be explained in the unit. The *Vocabulário* will help students work through the chapter with new words and phrases that are carefully sequenced and culturally accurate. The *Estrutura* sections (designated throughout the text by the use of Roman numerals) build upon and expand the grammatical structures needed for students to progress with both accu-

racy and proficiency. By carefully going over these activities, students learn to use and apply the rules rather than merely memorizing them.

The *Recapitulação* section reviews the entire unit with new activities and situations. *Pronúncia* is given to strengthen the pronunciation of specific sounds of the Portuguese language. The *Proficiency Activities* provide students the opportunity to participate in hands-on practice sessions in pairs, groups and teams. Teachers may choose activities that are most advantageous for their specific type of class.

In *Cultura*, students take field trips to different parts of Portugal. Cultural information will show an interdisciplinary link to other subjects such as history, geography and the arts. Emphasis on Portuguese culture is further advanced by the selection of real-life photographs used throughout the text.

—*Cassandra Fitzgerald*

The publishers are grateful to the Ministry of Education, António Soares, Vasco Valdez and Roberto Medeiros, for taking our photographers on whirlwind guided tours through Lisbon, Évora, the Silver Coast, São Miguel and elsewhere, in order to help us get the best pictures possible. Thanks to the students, teachers and administrators at Marquês de Pombal Secondary School in Lisbon, the Lagoa Secondary School in Lagoa, Azores, the University of Évora, and Bishop Stang High School in Dartmouth, Massachusetts for allowing us to take real-life photographs during class.

Special commendation should go to Durfee High School in Fall River, Massachusetts, where teachers and administrators initiated the *Bom Dia!* project, and to retired Foreign Languages director Cassandra Fitzgerald, who brought everyone together and coordinated the material to meet frameworks guidelines.

Finally, we salute Márcia Matos of Durfee High School and Sara Neto-Kalife from New Bedford High School, who have been dedicated to the creation of *Bom Dia!* from start to finish.

—*Joseph D. Thomas*

Contents

12

Unidade Preliminar ~ O Mundo Lusófono

20

Unidade 0 ~ Olá!

52

Unidade 1 ~ Quem é?

Objectives Summary

CHAPTER	COMMUNICATION	GRAMMAR	VOCABULARY	CULTURE
	Students will be able to:	Students will learn:	Students will be able to communicate in spoken and written Portuguese about the following topics:	Students will acquire information about:
UNIDADE P.	State names of countries Express nationalities Demonstrate knowledge of Lusophone cultures and geography		Countries, continents, nationalities, languages	Lusophone countries
UNIDADE 0	Greet people and say goodbye Introduce themselves Ask how people are feeling and express feelings Express thanks Identify classroom objects Ask prices and order food and beverages Express dates Identify currency	Formal vs. informal manner Neuter demonstratives Vowel pronunciation	Expressions for conversation Greetings and goodbyes Objects in the classroom Cardinal numbers Polite expressions Food and drinks Days of the week Months of the year	Formality issues Ways to address people according to familiarity Outdoor cafes Holidays Lisbon Manueline architecture
UNIDADE 1	Ask who a person is Express and ask where a person is from Describe people Ask someone's age and express their own age Ask for and express an opinion Ask for and give information Express daily activities	Definite and indefinite articles Descriptive adjectives: placement and agreement Masculine and feminine words Subject pronouns Verbs *ser* and *ter* Negative sentences Plural of words Demonstratives Adverbs: *aqui, aí, ali, lá, acolá* Accents	Descriptive words Classroom related words	Different ways of using *you* in the singular Porto and the Douro region Port wine
UNIDADE 2	Express likes and dislikes Express time Ask and tell when they have classes Ask and answer about daily activities Express how to arrive somewhere Ask and discuss schedules	Present tense of -*ar* verbs, singular forms *Gostar de* Contractions of the prepositions *de* and *em* with articles *Acabar de* *Chegar* with transportation Interrogatives Letter *c, ç*, and nasal sounds	Rooms in a school School subjects Transportation related words Expressions with time	Braga and the Minho region Barcelos and Guimarães Legend of the Rooster of Barcelos

	COMMUNICATION	GRAMMAR	VOCABULARY	CULTURE
CHAPTER	Students will be able to:	Students will learn:	Students will be able to communicate in spoken and written Portuguese about the following topics:	Students will acquire information about:
UNIDADE 3	Make and respond to requests Tell what they like to do and where they like to go Express future plans Express habitual actions Tell what they have to do Express ongoing activities Express feelings Talk about the weather Describe weather conditions for each season	Present tense of *-ar* verbs, singular and plural Verb *ir* Contraction of the preposition *a* with the definite articles Future with *ir* Verb *estar* Difference between *ser* and *estar* *Ter que* Idiomatic expressions with *ter* and *estar com* Present Progressive *ch* sound	Places in a city Words dealing with leisure activities Means of transportation Party related words Weather expressions Seasons	Birthday activities and foods Leisure activities Coimbra and Conimbriga Portugal dos Pequeninos
UNIDADE 4	Describe their house Describe rooms Identify people Describe members of the family Indicate marital status Express ownership and ask about possession	Present tense of *-er* verbs There is, there are; *há* Present tense of *-ir* verbs Verbs *ver*, *vir*, *ler* Possessives Verbs *ouvir*, *pedir*, *poder* Adverbs *j*, *g* sound	Rooms in a house Types of houses Ordinal numbers Furniture Family	Évora and the Alentejo region

Legend

 Pair Activities   Group Activities   Activities related to Leitura (Reading)

COMMANDS USED BY THE TEACHER:

levantem-se	get up	*vai ao quadro*	go to the board	*abram o livro*	open your book
ouçam	listen	*fecha a janela*	close the window	*tirem o lápis*	take out the pencil
leiam / lê	read	*sentem-se*	sit down	*olhem para o quadro*	look at the board
escrevam	write	*abre a porta*	open the door	*façam a actividade…*	do activity…
repitam	repeat				

A República Portuguesa

Mainland Portugal is situated on Europe's Iberian Peninsula and shares a border with Spain. It is not a large country. The total land area is 35,500 sq. miles (91,945 km^2)—about the size of Indiana—stretching 365 miles north to south. Its greatest width is 130 miles.

Portugal is divided into 18 administrative districts and two autonomous regions—the Azores and Madeira archipelagos. The total population is roughly 10 million. Each archipelago has about 250,000 inhabitants. The country's population is the youngest in the European Union: about 25% is under 15.

Portugal became an independent country in 1143, under King D. Afonso Henriques. There was a period of reconquest from 1143 to 1249, when the country formed its current borders. Today, Portugal is a member of the United Nations, the North Atlantic Treaty Organization (NATO), the Council of Europe, and the European Union.

The climate in Portugal is temperate. The north of the country is cool and rainy. In the south, especially along the coast of the Algarve, the summers are hot and long and the winters are fairly dry.

Madeira, which consists of two inhabited and several uninhabited islands, has mild, pleasant temperatures all year round. Madeira is situated about 350 miles west of Morocco, Africa. The nine islands of the Azores have a temperate maritime climate with heavy rainfall. They are located about 800 miles due west of the mainland.

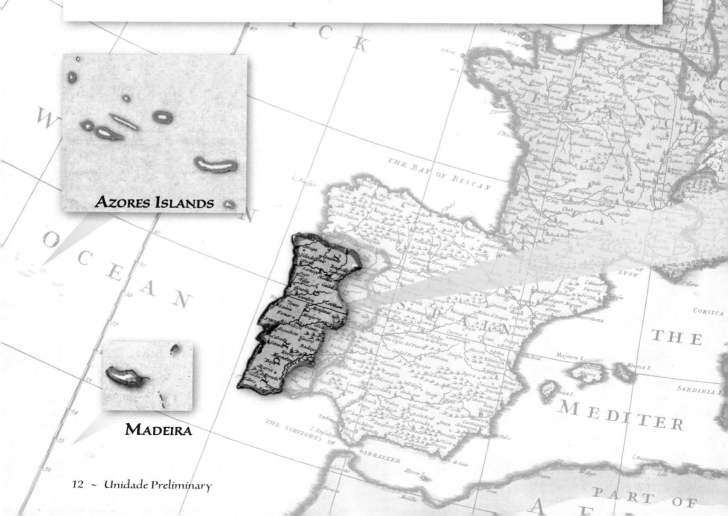

AZORES ISLANDS

MADEIRA

O Mundo Lusófono

Maps (from the Library of Congress):

Backgound: Europe, 1746

Foreground: Portugal, 1940s, showing regions and administrative districts

CAPE VERDE ISLANDS
República de Cabo Verde

Location: Group of islands in the southern North Atlantic Ocean off the coast of Western Africa, west of Senegal
Area: 1,556 miles^2 (4,030 km^2)
Climate: Temperate, warm; dry in summer
Population: 428,000
Nationality: Cape Verdean (cabo-verdiano)
Capital: Praia

GUINEA–BISSAU
República da Guiné-Bissau

Location: On the west coast of Africa between Senegal an Guinea
Area: 12,402 miles^2 (32,120 km^2)
Climate: Tropical, generally hot and humid
Population: 1.2 million
Nationality: Guinean (guineense)
Capital: Bissau

BRAZIL
República Federativa do Brasil

Location: Eastern South America
Area: 3,286,000 miles^2 (8,511,965 km^2)
Climate: Mostly tropical; temperate in the south
Population: 170 Million
Nationality: Brazilian (brasileiro)
Capital: Brasilia

ANGOLA
República de Angola

Location: On the coast of southwestern Africa between Namibia and Republic of Congo
Area: 481,363 miles^2 (1,246,700 km^2)
Climate: Semi-arid in the south; the north is cool and dry May–Oct., hot and rainy Nov.–Apr.
Population: 12.4 million
Nationality: Angolan (angolano)
Capital: Luanda

Sao Tome and Principe

República de São Tomé e Príncipe

Location: Western Africa,
islands in the Gulf of Guinea
Area: 386 miles^2 (1,000 km^2)
Climate: Tropical, hot, humid; rainy October to May
Population: 144,000
Nationality: Sao Tomean (São Tomense)
Capital: Sao Tome

These are the Portuguese-speaking countries of the world. There are eight countries (including Portugal) spanning four continents whose official language is Portuguese. They are also referred to as "Lusophone" countries.

Portuguese is the 7th most widely spoken language in the world—used by about 176 million people.

(Sources: Atlaseco 2002, Atlas Économique Mondial, and Ethnologue, Languages of the World, 13th edition, 1999.)

East Timor

República Democrática de Timor

Location: Southeast Asia, south of the Equator,
between Australia and Indonesia
Area: 5,943 miles miles^2 (14,874 km^2)
Climate: Mostly tropical, dry and cool in mountains;
wet season Dec.–April
Population: 850,000
Nationality: Timorese (timorense)
Capital: Dili

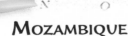

Mozambique

República de Moçambique

Location: Southeastern coast of Africa, between South
Africa and Tanzania
Area: 309,502 miles^2 (801,590 km^2)
Climate: Tropical to subtropical
Population: 17.3 million
Nationality: Mozambican (moçambicano)
Capital: Maputo

Nationalities

País	Nacionalidade*	Continente	Língua
a Alemanha	alemão (-ã)	Europa	alemão
Angola	angolano (-a)	África	português
a Argentina	argentino (-a)	América do Sul	espanhol
a Austrália	australiano (-a)	Austrália	inglês
o Brasil	brasileiro (-a)	América do Sul	português
Cabo Verde	cabo-verdiano (-a)	África	português
o Canadá	canadiano (-a)	América do Norte	inglês / francês
a China	chinês (-esa)	Ásia	chinês
Cuba	cubano (-a)	América do Sul	espanhol
a Espanha	espanhol (-a)	Europa	espanhol
os Estados Unidos	americano (-a)	América do Norte	inglês
as Filipinas	filipino (-a)	Ásia	espanhol
a França	francês (-esa)	Europa	francês
a Grécia	grego (-a)	Europa	grego
a Guiné-Bissau	guineense	África	português
a Inglaterra	inglês (-esa)	Europa	inglês
a Irlanda	irlandês (-esa)	Europa	inglês
a Itália	italiano (-a)	Europa	italiano
o Japão	japonês (-esa)	Ásia	japonês
o México	mexicano (-a)	América do Sul	espanhol
Moçambique	moçambicano (-a)	África	português
Portugal	português (-esa)	Europa	português
a Rússia	russo (-a)	Europa	russo
São Tomé e Príncipe	são tomense	África	português
Timor	timorense	Ásia	português

Saying where you are from

do, da, dos, das, and *de* are different ways to say **from** in Portuguese. (We'll learn more about this later.)

Use *de* if the country has no definite article before the name. **Exemplo:** *de* Portugal
Use *do* if the country has "o" before the name. **Exemplo:** *do* Canadá
Use *da* if the country has "a" before the name. **Exemplo:** *da* Alemanha
Use *dos* if the country has "os" before the name. **Exemplo:** *dos* Estados Unidos
Use *das* if the country has "as" before the name. **Exemplo:** *das* Filipinas

ACTIVIDADES

1. *Dá um nome de um país da lista da página dezasseis ao teu colega. O teu parceiro dirá de onde és e qual é a tua nacionalidade, usando a preposição de.* Tell your partner the name of a country from the list on page sixteen. Your partner will then tell you where you are from (using the preposition *de*) and your nationality. Refer to the chart above for the correct contractions of *de*.

   Exemplo: Ana: *Rússia*
   Pedro: *Tu és da Rússia. Tu és russa.*

Handmade ceramic tiles at Lisbon marketplace

2. *Cada aluno receberá uma folha de papel com o país e a respectiva nacionalidade. Em pares, perante a turma, cada aluno perguntará "De onde és?" e o colega responderá "Eu sou de ___. Sou ___.* Each student will receive a file card with a country and its nationality. In pairs, in front of the class, each student will ask, *"De onde és?"* (Where are you from?) and the partner will respond, *"Eu sou de _____. Sou _____."* (I am from _____. I am _____.)

   Exemplo: The card reads: *"Portugal, Português"*
   Lena: *De onde és?*
   Álvaro: *Eu sou de Portugal. Sou português. E tu?*
   Lena: *Eu sou de Moçambique. Sou moçambicana.*

Decorative tiles adorning the walls of a Lisbon pastelaria.

3. *Já fizeste novas amizades? Pergunta ao teu colega de onde são os novos amigos, e ele responde. Depois troca, e o que respondeu faz agora a pergunta.* You and your partner have made some new friends. Tell where they are from. Change roles.

   Exemplo: O Pedro / França   *De onde é o Pedro?*   *O Pedro é da França. Ele é francês.*
              A Sandra / Japão   *De onde é a Sandra?*   *A Sandra é do Japão. Ela é japonesa.*

   1. A Graça / Angola
   2. A Cátia / França
   3. O Paulo / Portugal
   4. O Raul / Brasil
   5. A Carla / São Tomé e Príncipe
   6. O António / Guiné-Bissau
   7. A Fernanda / Cabo Verde
   8. O João / Espanha
   9. A Dina / Austrália
   10. A Inês / Moçambique

PROFICIENCY ACTIVITIES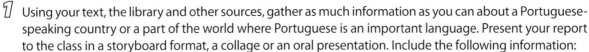

1. Using your text, the library and other sources, gather as much information as you can about a Portuguese-speaking country or a part of the world where Portuguese is an important language. Present your report to the class in a storyboard format, a collage or an oral presentation. Include the following information:

location	major cities	flag	three tourist sites
area	industry	population	date of independence
climate	type of government	capital	currency and U.S. conversion
popular foods	arts & crafts	types of music	

2. Can you write a sentence that combines people's nationality with the country they live in and the language they speak? Refer to the chart on page 16 for names of countries listed below and the languages spoken in those countries. Use the word "fala" for speaks.

Example: An American is from the United States and speaks (fala) English.
O americano é dos Estados Unidos e fala inglês.

Italian	Spanish	Brazilian	Portuguese	Cape Verdean
Russian	Chinese	Mexican	German	

3. With the above information make a wall chart for the class. Use the internet to look up the flag for each country. Either draw it or print it.

4. Using the information from **Activity 1**, write on a slip of paper the name of the country you learned about. Write down five clues that will help your assigned partner guess the country you have. List the typical items, popular foods, types of music, interesting historical information, popular tourist attractions, etc. Do not give the name of the country or the nationalities who live there. Continue giving clues until your partner gives you the correct answer.

A mural inside Escola Secundária Marquês de Pombal in Lisbon depicts Pombal's educational reform in Portugal in the 18th century. The painting illustrates the study of Science, Mathematics, History and Geography.

5 The teacher fills a bowl with papers containing names of cities located all over the Portuguese-speaking world. Pick a piece of paper and find the location of this city, using any tools necessary: the library, the internet, geographical maps, etc. Organize all the data you find about this city and create a brochure. As a class, decide on your type of brochure: hand drawn with captions, created on the computer or a display for bulletin boards. Decide with the teacher what information is to be included in your brochure, how many pictures should be part of the brochure and all requirements for the final grade.

São Bento Palace is the home of Portugal's Parliament as well as a museum displaying Portuguese art and sculpture dating from the 19th century to the present.

Olá!

A panoramic view of Lisbon from St. Peter's belvedere in the Alcântara district. Castelo de São Jorge can be seen atop the hill at right.

Objectives

- Say hello and goodbye
- Introduce yourself and say where you are from
- Ask about other people
- Identify school objects
- Use numbers
- Express prices
- Learn to say the days of the week, months of the year and specific dates
- Order food and beverages
- Engage in conversation

Cumprimentos

— *Bom dia, D. Fátima.*
— *Bom dia, Paulo.*

— *Olá, João.*
— *Olá, Sónia.*

Greetings in Portuguese can be formal or informal

Formal — When you greet an adult, use: ***Bom dia*** (in the morning), ***Boa tarde*** (in the afternoon), ***Boa noite*** (in the evening), with the person's title and name.

Informal — When you greet a friend, you may use the same as the above or "*Olá*" (any time of the day), and the name.

— *Boa tarde, Senhor Cabral.*
— *Boa tarde, Senhor Costa.*

Abbreviations for titles

Sr. (Senhor)	Mr.	**Dr. (Doutor)**	Dr. (male)
Sra. (Senhora)	Mrs.	**Drª. (Doutora)**	Dr. (female)
D. (Dona)	Madam	**Prof. (Professor)**	Teacher (male)
		Prof.ª (Professora)	Teacher (female)

The title **Senhora** can be used for a married or single woman. It is also common to use **Sr.** and **Sra.** with the first name when you are well acquainted with the person, but want to show respect. **Dona** is a title used to show respect to a woman. This title is only used with the first name. **Prof.** is a title given to elementary school teachers. **Dr.** is a title given to middle and high school teachers.

VOCABULÁRIO

Expressions for conversation

Como está(s)?	How are you?
Estou bem.	I am fine.
Como vai (s)?	How is it going?
Vou bem.	I am fine.
Tudo bem?	Is everything fine?
Tudo bem.	Everything is fine.
muito bem	very well
muito mal	very badly
mal	not well / badly
assim-assim	so-so
mais ou menos	more or less
* obrigado	Thank you (male speaker)
* obrigada	Thank you (female speaker)

Paulo: *Olá, Sónia.*
Sónia: *Olá, Paulo. Tudo bem?*
Paulo: *Mais ou menos, e tu?*
Sónia: *Vou bem, obrigada.**

D. Fátima: *Bom dia, Maria.*
Maria: *Bom dia, D. Fátima.*
D. Fátima: *Como estás?*
Maria: *Muito bem, e a senhora?*
D. Fátima: *Assim-assim, obrigada.*

Sr. Medeiros: *Boa tarde, Sr. Matos.*
Sr. Matos: *Boa tarde, Sr. Medeiros.*
Sr. Medeiros: *Como está?*
Sr. Matos: *Estou bem, e o senhor?*
Sr. Medeiros: *Estou bem, obrigado.*

Pedro: *Olá, Rico.*
Rico: *Olá, Pedro, como estás?*
Pedro: *Estou bem, e tu?*
Rico: *Estou bem, obrigado.**

ACTIVIDADES

Olá, Patrícia

Olá, Roberto

1 *Cumprimenta o professor de português.* Greet your Portuguese teacher.

2 *Cumprimenta dois dos teus colegas.* Greet two of your fellow students.

3 *Como se cumprimenta.* How would you greet?

1. your neighbor
2. a friend's parent
3. one of your friends
4. your school principal
5. one of your teachers
6. a salesperson

4 *Completa o diálogo.* Complete the dialogue.

Roberto: Olá, Patrícia.
Patrícia: _____, Roberto. Tudo bem?
Roberto: _____, e tu?
Patrícia: Estou bem, _____.

5 *Completa o diálogo.* Complete the dialogue.

Sr. Soares: Bom dia, D. Mariana.
D. Mariana: _____ _____, Sr. Soares. Como está?
Sr. Soares: Estou_____, e a _____?
D. Mariana: _____ _____, _____.

6 *Completa o diálogo.* Complete the dialogue.

Carlos: _____ tarde, Ana.
Ana: Boa _____, Carlos. Como vais?
Carlos: _____ _____, e tu?
Ana: Vou _____, _____.

Eles cumprimentam-se

7 *Completa o diálogo.* Complete the dialogue.

Sr. Carreiro: _____ dia, D. Fernanda.
D. Fernanda: _____ _____, Sr. Carreiro. Como vai?
Sr. Carreiro: _____ bem, _____. E _____ _____?
D. Fernanda: Vou _____, obrigada.

8 *Escreve um diálogo com o teu colega e apresenta-o à turma.* Write a dialogue with your partner and present it to the class. Include:

a. greetings
b. how he or she is
c. where he or she is from
d. what is his / her nationality
e. what language does he / she speak

— *Bom Dia, Catarina.*
— *Bom Dia, Carla.*

Despedidas

VOCABULÁRIO
Expressions for conversation

adeus	goodbye
até já	see you in a little while
até logo	see you later
até amanhã	see you tomorrow
até para a semana	see you next week
até à próxima	see you later / until next time
boa noite *	good night

* **boa noite** can be used as a greeting (*good evening*), as a farewell (*good night*), or when you go to bed.

> In most European countries, it is common to touch each side of the face in a type of kiss to say hello or goodbye.

Isabel: *Adeus, Filomena.*
Filomena: *Adeus.*

ACTIVIDADES

9 *Despede-te do professor de português.* Say goodbye to your Portuguese teacher.

10 *Despede-te de dois colegas.* Say goodbye to two of your fellow students.

11 *Despede-te das seguintes pessoas.* Say goodbye to the following people using the expressions in parentheses:

1. your partner (until tomorrow)
2. your neighbor (until next time)
3. your school principal (good bye)
4. a friend's parent (until next week)

Apresentação

Ana: *Olá, como te chamas?*
Tina: *Chamo-me Tina, e tu?*
Ana: *Sou a Ana. De onde és?*
Tina: *Sou de Lisboa, e tu?*
Ana: *Sou do Porto. Muito prazer.*
Tina: *Igualmente.*

D. Márcia: *Bom dia, como se chama?*
D. Fernanda: *Chamo-me Fernanda Costa, e a senhora?*
D. Márcia: *Chamo-me Márcia Medeiros. De onde é?*
D. Fernanda: *Sou de Coimbra, e a senhora?*
D. Márcia: *Sou da Horta.*
D. Fernanda: *É um prazer.*
D. Márcia: *Igualmente.*

ACTIVIDADES

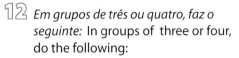

12 *Em grupos de três ou quatro, faz o seguinte:* In groups of three or four, do the following:

1. Greet one another.
2. Ask how each person is feeling.
3. Introduce yourself and ask each person's name.
4. Tell where you are from and ask where each person in the group is from.
5. Say goodbye.

VOCABULÁRIO

Expressions for conversation

Como te chamas?	What is your name? (informal)
Como se chama?	" " (formal)
Como é o teu nome?	" "
Chamo-me ...	My name is ...
O meu nome é	" "
Muito prazer.	It's a pleasure to meet you.
É um prazer.	" "
Muito gosto.	" "
Igualmente	Likewise

13 *Escolhe o nome duma personalidade estrangeira (actor, cantor, atleta, político). Pergunta ao teu colega o seguinte: "Como se chama? De onde é?"* Choose the name of an important foreign personality (actor, singer, athlete, political figure). You are going to assume the role of that person, then ask your partner the following: "What is your name? Where are you from?"

14 *Completa os diálogos.* Complete the dialogues.

Paulo: *Quem é ela?*
Carlos: *É a Lisa Almeida.*

A. *Flávio:* Olá, _____ -me Flávio. _____ tu?
    Luísa: Chamo _____ Luísa
    Flávio: _____ prazer.
    Luísa: _____ .

B. *D. Inês:* Bom _____ . Como _____ ?
    Sr. Pereira: Estou _____ , obrigado.
    D. Inês: _____ onde _____ ?
    Sr. Pereira: _____ de Sintra. E a _____ ?
    D. Inês: Eu _____ de Cascais.
    Sr. Pereira: É um _____ .
    D. Inês: _____ .

C. *Laura:* Boa _____ . Como é _____ _____ nome?
    Carlos: _____ tarde. O meu _____ _____ Carlos.
    Laura: De _____ és?
    Carlos: _____ do Porto. E _____ ?
    Laura: Sou _____ Ponta Delgada. Muito _____ .
    Carlos: _____ .

Lisa: *Olá, Carlos.*
Carlos: *Olá, Lisa. Paulo, esta é a Lisa Almeida.*
    Lisa, este é o Paulo Barbosa.
Lisa: *Muito gosto.*
Paulo: *Igualmente.*

15 *Pergunta aos teus colegas quem são alguns dos outros colegas da turma.* Ask the class who some of the other students in the class are.

16 *Apresenta alguém à turma, utilizando os diálogos anteriores como exemplo.* Introduce someone to the class using the previous dialogues as examples.

17 *Faz o seguinte:* Do the following:

1. Greet your partner.
2. Introduce one person to another.
3. Ask your partner who someone is.
4. Present a dialogue between you and a new acquaintance.

Os alunos estão numa aula da Escola Secundária da Lagoa, São Miguel, Açores.

Vocabulário

A Sala de Aula ~ The Classroom

o quadro

o mapa

o relógio

o giz

o globo

o apagador

o computador

o dicionário

a secretária

o livro

a folha de papel

a calculadora

o apara-lápis

a régua

o caderno

a borracha

a caneta

a cola

o lápis

a mochila

o líquido corrector

a cadeira

a carteira

If the noun is preceded by o,
it is a masculine word.
If the noun is preceded by a,
it is a feminine word.

Actividades

18 *Cada aluno tira cinco objectos da mochila e pergunta ao colega o que são.* Each student takes out five items form his/her backpack and asks the other to identify them.

19 *Responde à pergunta, "O que é isto?" usando a lista de vocabulário que se segue.* Answer the question, "What is this?" using the vocabulary words below.

Mais Vocabulário

bandeira (a)	flag
agrafador (o)	stapler
janela (a)	window
tesoura (a)	scissors
mesa (a)	table
porta (a)	door
sala de aula (a)	classroom
marcador (o)	highlighter

as portas

as janelas

Neuter Demonstratives

isto (aqui)	**this (here)**
isso (aí)	**that (there)**
aquilo (ali)	that (over there)

Isto é uma pêra.

These demonstratives are used to refer to objects only. In a question, the verb precedes the demonstrative, and in the response, it follows the verb.

Examples: Que é **isto aqui**? *Isso aí é o relógio.*
Que é **aquilo ali**? *Aquilo ali é o dicionário.*

Isto refers to what is near the speaker.
Isso refers to what is far from the speaker and is near the person listening.
Aquilo refers to an object far from both speaker and listener.

ACTIVIDADE

20 *Responde às perguntas:* Answer the questions:

Exemplo: O que é isto aqui? (eraser) *Isso aí é a borracha.*

1. O que é isto aqui?
2. Ó Zé, o que é isso aí?
3. Carla, o que é aquilo ali?
4. O que é isto aqui?
5. Ó Manuel, o que é aquilo ali?
6. Ana, o que é isso aí?
7. Ó Ricardo, o que é isto aqui?

Os Numerais Cardinais

0	*zero*	16	*dezasseis* *	101	*cento e um*
1	*um/uma*	17	*dezassete* *	110	*cento e dez*
2	*dois/duas*	18	*dezoito*	200	*duzentos/duzentas*
3	*três*	19	*dezanove* *	300	*trezentos/trezentas*
4	*quatro*	20	*vinte*	400	*quatrocentos/quatrocentas*
5	*cinco*	21	*vinte e um*	500	*quinhentos/quinhentas*
6	*seis*	22	*vinte e dois*	600	*seiscentos/seiscentas*
7	*sete*	23	*vinte e três*	700	*setecentos/setecentas*
8	*oito*	30	*trinta*	800	*oitocentos/oitocentas*
9	*nove*	40	*quarenta*	900	*novecentos/novecentas*
10	*dez*	50	*cinquenta*	1 000	*mil*
11	*onze*	60	*sessenta*	2 000	*dois mil*
12	*doze*	70	*setenta*	3 000	*três mil*
13	*treze*	80	*oitenta*	1 000 000	*um milhão*
14	*catorze* *	90	*noventa*	2 000 000	*dois milhões*
15	*quinze*	100	*cem*		

* In Brazil, the spelling for 14, 16, 17 and 19 is quatorze, dezesseis, dezessete and dezenove.

Using "e" in Numbers

The word "e" (meaning "and") is used after the thousandths' place
when the hundredths' place is zero or followed by two zeroes.

Examples: 1 025 = mil e vinte e cinco   1 200 = mil e duzentos   but   1 250 = mil, duzentos e cinquenta

ACTIVIDADES

_____

21 *Pede o número de telefone a cinco dos teus colegas.* Ask five of your colleagues
their telephone number. Use the following formula.

Exemplo: Qual é o teu número de telefone?   *O meu número de telefone é ...*

22 *Completa as sequências.* Complete the following sequences.

1. zero, dois, quatro, _____, _____, _____.
2. cinco, dez, _____, _____, _____.
3. dez, vinte, _____, _____, _____.
4. cem, duzentos, _____, _____, _____.
5. três, seis, nove, _____, _____, _____.
6. quinhentos, seiscentos, _____, _____, _____.
7. mil e dez, mil e vinte, _____, _____, _____.
8. trinta, trinta e cinco, _____, _____, _____.
9. catorze, dezasseis, _____, _____, _____.
10. cento e um, cento e dois, _____, _____, _____.

Estaleiro (boatyard) na Nazaré

Quanto é ...?

To ask "how much" something is or how much it costs use:

⇨ **Quanto é ... ?**   *How much is ... ?*   or

⇨ **Quanto custa ... ?**   *How much does the _____ cost?*

Examples:

— *Quanto é o pacote de pipocas ?*
— *Um euro e vinte cêntimos.*
— *Obrigada.*

— *Quanto custa o lápis?*
— *Cinquenta e cinco cêntimos.*
— *Obrigado.*

Ela compra um pacote de pipocas.

MAIS VOCABULÁRIO

cêntimo (o)	cent
dinheiro (o)	money
moeda (a)	coin
nota (a)	bill

€ is the symbol for the euro.
There are 100 cêntimos in one euro.

The symbol for the euro (€) was inspired by the Greek letter "epsilon," for "e," thus acknowledging Greek civilization as the cradle of modern Europe. It is also the first letter in the word "Europe." The two paralell lines represent its economic stability.

ACTIVIDADES

23 *Diz quanto custa cada objecto.* Tell how much each object costs.

Exemplo: *O marcador custa quarenta e três cêntimos.*

1. o livro = € 16,00
2. a calculadora = € 12,00
3. a caneta = € 0,80
4. o dicionário = € 62,00

5. o lápis = € 0,35
6. o caderno = € 2,50
7. o giz = € 0,60
8. o apara-lápis = € 4,75

9. a borracha = € 0,85
10. a régua = € 3,20
11. a mochila = € 29,00

24 *Converte o preço dos artigos da **Actividade 23** em dólares.* Convert the price of the articles in **Activity 23** to dollars. The teacher will give you the exchange rate or you may use the internet by going to: www.x-rates.com or to www.oanda.com.

25 *Escreve frases, indicando o preço de cada objecto.* Write sentences stating the price of each object.

€ 2,73

€ 155,00   € 49,88   € 19,66   € 2,95   € 14,95   € 1.225,00

O Mercedes-Benz

€ 55.350,00

Numa Esplanada

Empregado: *Boa tarde.*
Cliente: *Boa tarde. Um galão por favor.*

Cliente: *Quanto é, por favor?*
Empregado: *São oitenta cêntimos.*

Cliente: *Obrigado.*
Empregado: *De nada.*

VOCABULÁRIO

a esplanada	an outdoor café
o/a empregado/a	waiter (waitress)
Mais alguma coisa?	Anything else?

Expressions of politeness

por favor	please
se faz favor	if you please

Don't forget:

obrigado	thank you (male speaker)
obrigada	thank you (female speaker)
de nada	you're welcome
não tem de quê	you're welcome

Na "Pastelaria Bocage" em Alcobaça

Empregado: **Bom dia.**
Cliente: *Bom dia. Um pastel de nata, por favor.*
Empregado: **Sim senhor. Mais alguma coisa?**
Cliente: *Não, obrigado. Quanto é?*
Empregado: **São noventa cêntimos.**

MAIS VOCABULÁRIO

Comidas (Foods)		Bebidas (Drinks)	
arroz-doce (o)	rice pudding	*água mineral (a)*	mineral water
gelado (o)	ice cream	*água mineral com gás (a)*	carbonated water
pastel de feijão (o)	bean tart	*água mineral sem gás (a)*	noncarbonated water
pastel de nata (o)	custard pastry	*bica (a)*	espresso coffee
bifana (a)	pork steak sandwich	*descafeinado (o)*	decaffeinated coffee
pastel de bacalhau (o)	codfish cake	*laranjada (a)*	orange soda
prego	steak sandwich	*limonada (a)*	lemonade
os rissóis de camarão	shrimp rissole	*galão (o)*	espresso coffee with milk served in a glass
sandes de linguiça/chouriço (a)	linguiça/chouriço sandwich	*garoto (o)*	espresso with milk in a small cup
sandes mista (a)	ham & cheese sandwich		

ACTIVIDADES

26 *Completa os diálogos.* Complete the dialogues.

Na "Barriga a Dar Horas" as sandes são deliciosas.

a. *Empregado:* Bom _____.
  Cliente: _____ dia. Um prego, _____.
  Empregado: Com certeza.
  Cliente: Obrigada.
  Empregado: De nada.
  Cliente: Quanto _____, por _____.
  Empregado: Três _____.

b. *Empregado:* _____ dia.
  Cliente: Bom _____. Uma _____ de chouriço, por favor.
  Empregado: Sim senhor. Mais alguma coisa?
  Cliente: Não, _____.
  Empregado: De _____.

c. *Empregado:* Boa _____.
  Cliente: ___ noite. Uma ___ mista, por favor.
  Empregado: Mais _____ coisa?
  Cliente: Não, obrigado. Quanto ___.
  Empregado: Dois _____.

27 *Cria diálogos pedindo os seguintes produtos alimentares.* Make up a dialogue asking for the following items. Be polite.

1. um prego
2. um garoto
3. uma bica
4. um pastel de bacalhau
5. uma queijada de feijão
6. um sumo de laranja
7. uma água mineral
8. uma sandes mista
9. um arroz-doce
10. um pastel de nata

Dias e Meses

Dezembro
Novembro
Outubro
Setembro
Agosto
Julho
Junho
Maio
Abril
Março
Fevereiro
Janeiro

segunda-feira
terça-feira
quarta-feira
quinta-feira
sexta-feira
sábado
domingo

VOCABULÁRIO

Expressions for conversation

o dia	the day
a semana	the week
o mês	the month
o fim-de-semana	the weekend
hoje	today
ontem	yesterday
amanhã	tomorrow
Que dia é hoje?	What day is today?
Hoje é . . .	Today is . . .
Que dia é amanhã?	What day is tomorrow?
Amanhã é . . .	Tomorrow is . . .
Que dia foi ontem?	What day was yesterday?
Ontem foi . . .	Yesterday was . . .
Qual é a data de hoje?	What is the date today?
A quantos estamos?	What day of the month is it?
Estamos a trinta de Março.	Today is March 30th.
antes de	before
depois de	after
o último	the last

In the Portuguese calendar,
the week begins with Monday.

The first day of every month
may be stated as:
o dia um de Janeiro
or
o primeiro de Janeiro

Asking the Date

To ask "What is the date?" you may use the following:

A quantos estamos?   **Qual é a data de hoje?**

When stating the date in Portuguese, the day precedes the month.

Example: February 3 = **três de Fevereiro**

To ask what month it is, use the following.

— **Em que mês estamos?** What month are we in?
— **Estamos em Abril.** We are in April.
— **Que mês se segue a Fevereiro?** (What month follows February?
— **Março.** March.

— *Que dia é hoje?*
— *Hoje é quinta-feira.*
— *E a quantos estamos?*
— *Estamos no dia vinte.*

ACTIVIDADES

28 *Cada par recebe fichas com os dias da semana. Um estudante tira uma ficha e pergunta ao colega, "Que dia é hoje?" O colega responde de acordo com a ficha.* Each pair of students will get a set of index cards with the days of the week written in Portuguese. One student pulls out a card and asks his/her partner what day it is. The partner responds accordingly. Then, reverse roles.

29 *Responde à pergunta: "Qual é a data?"*
Answer the question: "Qual é a data?"

Exemplo: 30-3   *É o dia trinta de Março.*

a. 19-2   f. 16-4
b. 21-7   g. 28-3
c. 13-1   h. 15-10
d. 10-9   i. 24-5
e. 14-12   j. 17-6

30 *Escreve as datas dos seguintes eventos.* Write out the dates to the following days.

1. Your birthday
2. Your friend's birthday
3. Christmas Day
4. New Year's Day
5. Valentine's Day
6. Today's date

*O dia 25 de Abril
é o aniversário da
Revolução dos Cravos.*

Calendário de 2003

JANEIRO
S			6	13	20	27
T			7	14	(21)	28
Q		1	8	15	22	(29)
Q		2	9	16	23	30
S		(3)	10	17	(24)	31
S		4	11	18	25	
D		5	12	19	26	

FEVEREIRO
S			3	10	17	24
T			4	11	18	25
Q			5	12	19	(26)
Q		(6)	13	20	27	
S		7	14	(21)	28	
S	1	8	15	22		
D	(2)	9	16	23		

MARÇO
S			3	10	17	24	(31)
T			4	11	18	25	
Q			5	12	19	26	
Q		6	13	20	27		
S		(7)	(14)	21	28		
S	(1)	8	15	(22)	29		
D	2	9	16	23	30		

ABRIL
S			7	14	21	(28)
T		1	8	15	22	29
Q		2	9	16	23	30
Q		3	10	(17)	24	
S		4	(11)	18	25	
S		5	12	(19)	(26)	
D		6	13	20	27	

MAIO
S			5	12	19	26
T			6	13	20	(27)
Q			7	14	21	28
Q		1	8	15	(22)	29
S		2	(9)	16	23	30
S		3	10	17	24	31
D		4	(11)	18	(25)	

JUNHO
S		2	9	16	23	30
T		3	(10)	17	24	
Q		4	11	18	25	
Q		5	12	19	26	
S		6	(13)	20	27	
S		7	14	21	28	
D	1	8	15	22	(29)	

JULHO
S			7	14	21	(28)
T		1	8	15	22	29
Q		2	9	16	(23)	30
Q		3	(10)	(17)	24	31
S		4	11	18	25	
S		5	12	19	26	
D		(6)	13	20	27	

AGOSTO
S			4	11	(18)	25
T		(5)	12	19	26	
Q		6	13	20	27	
Q		7	14	21	28	
S	1	8	(15)	22	29	
S	2	9	16	23	30	
D	3	10	17	24	31	

SETEMBRO
S		1	8	15	22	29
T		2	(9)	16	(23)	30
Q		3	10	17	24	
Q		(4)	11	18	(25)	
S		5	(12)	19	26	
S		6	13	20	27	
D		7	14	21	28	

OUTUBRO
S			6	13	(20)	(27)
T			7	14	21	28
Q		1	8	15	22	29
Q		2	9	(16)	23	(30)
S		3	10	17	24	31
S		4	11	18	25	
D		5	12	19	(26)	

NOVEMBRO
S			3	10	17	24
T			4	11	18	25
Q			5	(12)	19	26
Q		6	13	20	27	
S		7	(14)	21	(28)	
S	1	(8)	15	22	29	
D	2	9	16	23	30	

DEZEMBRO
S		1	8	15	22	29
T		2	(9)	16	23	(30)
Q		3	10	17	24	31
Q		4	11	(18)	25	
S		5	12	19	26	
S		6	(13)	20	27	
D		7	14	21	28	

31 A Rita assinalou com um círculo no calendário as datas que são importantes. *Escreve por extenso as datas.* Rita has circled important dates in the calendar. Write out the dates in Portuguese.

> **Exemplo:** *Sexta-feira, três de Janeiro de 2003 (3/1/2003).*
> **The date circled was Friday, January 3, 2003 (1/3/2003).**

32 *Faz um calendário e indica dez dias que são importantes para ti (anos, festas, viagens, etc.). Escreve por extenso as datas assinaladas.* Make your own calendar and circle dates that are important to you (birthdays, parties, trips, etc.). In Portuguese, write out at least ten dates that you circled.

To ask what day of the week an event takes place, one may use "Em que."

Examples: Em que dia é a festa do André? A festa do André é sábado.
Em que dia tens o teste de Português? Tenho o teste de Português na terça-feira.

To find out when an event is going to take place, one may use "Quando é."

Example: (Natal) Quando é o Natal? O Natal é no dia 25 de Dezembro.
Note: Use the words "no dia" to express "on" before the date.

FERIADOS NACIONAIS OBRIGATÓRIOS EM PORTUGAL NO ANO 2003

Feriado	Dia do Mês	Dia da Semana
Ano Novo	1 de Janeiro	quarta-feira
Sexta-feira Santa	18 de Abril	sexta-feira
Páscoa	20 de Abril	domingo
Dia da Liberdade	25 de Abril	sexta-feira
Dia do Trabalhador	1 de Maio	quinta-feira
Dia de Portugal	10 de Junho	terça-feira
Corpo de Deus	19 de Junho	quinta-feira
Dia de Nossa Senhora da Assunção	15 de Agosto	sexta-feira
Implantação da República	5 de Outubro	domingo
Dia de Todos os Santos	1 de Novembro	sábado
Restauração da Independência	1 de Dezembro	segunda-feira
Dia da Imaculada Conceição	8 de Dezembro	segunda-feira
Dia de Natal	25 de Dezembro	quinta-feira

33 *Responde às perguntas com base na informação apresentada. Segue o exemplo.* Answer the questions using the information given above. Follow the example.

Exemplo: Quando é o dia da Implantação da República? *É quinta-feira, cinco de Outubro.*

1. Quando é Sexta-feira Santa?
2. Quando é o Dia do Trabalhador?
3. Quando é o dia da Imaculada Conceição?
4. Quando é o dia da Restauração da Independência?
5. Quando é o Dia da Liberdade?
6. Quando é o dia de Corpo de Deus?
7. Quando é o dia de Todos os Santos?
8. Quando é o Dia de Portugal?
9. Quando é a Páscoa?
10. Quando é o Dia de Natal?

Pronúncia

As Vogais ~ Vowel Pronunciation

The vowels in Portuguese may be oral (pronounced through the mouth) or nasal (pronounced through the mouth and the nose).

Open a sounds like the "a" in father.

pato	duck
lado	side
borracha	eraser

Closed a sounds like "a" in adventure

caneta	pen
cada	each
cadeira	chair

The "u" sounds like the "o" in foot.

funil	funnel
sumo	juice
computador	computer

Open o is similar to the sound of the "a" in paw.

copo	cup
posso	may I
logo	later

Closed o is similar to the "o" in hope.

ovo	egg
avô	grandfather
novo	new

The "i" always sounds like "ee" in feet.

fico	I stay
dia	day
ir	to go

The "o" at the end of a word sounds like the "o" in too, like the Portuguese vowel "u."

copo	cup
ovo	egg
logo	later

Closed e (no equivalent sound in English)

cedo	early
mesa	table
caneta	pen

Initial e sounds like "ee" in feet.

exame	exam
esperar	to wait
elevar	to elevate

Silent (or mute) e sounds like "e" in nice

livre	free
exame	test
estudante	student

Open e sounds like the "e" in met.

vela	candle
égua	mare
ela	she

Recapitulação

ACTIVIDADES

34 *Completa os diálogos:* Complete the dialogues:

a. *Pedro:* _____, Sónia.
   Sónia: _____, Pedro. Como _____?
   Pedro: _____ bem, _____. E _____?
   Sónia: Estou _____, _____.
   Pedro: Quantos_____ hoje?
   Sónia: _____ são treze de Setembro.
   Pedro: Obrigado.

b. *Joana:* Olá. Como _____ chamas?
   Carla: Chamo-_____ Carla. E _____?
   Joana: _____-me Joana. De onde _____?
   Carla: _____ de Lisboa, e _____?
   Joana: Sou _____ Santarém.

c. *Sr. Cabral:* _____ dia, D. Carla.
   D. Carla: _____ _____, Sr. Cabral. _____ está?
   Sr. Cabral: Estou _____. E __ _____?
   D. Carla: _____ bem, obrigada. Que _____ é hoje?
   Sr. Cabral: Hoje _____ sexta-feira.
   D. Carla: Obrigada.

d. *Pedro:* _____ tarde.
   Carla: Boa _____.
   Pedro: Quanto _____ o computador?
   Carla: É _____. (€ 2.956,00)
   Pedro: Obrigado.
   Carla: _____ tem _____ quê.

Bem-vindo ao Restaurante A Cápsula em Belém.

35 *Encontras um novo colega a quem fazes perguntas. Segue o exemplo das **Actividades 34b** e **34c**.* Pretend you have met a new colleague to whom you are going to ask questions. Use the format in **Activities 34b** and **34c**.

36 *Faz uma lista, em português, de todos os objectos que vês na sala de aula. Compara a tua lista com a do teu colega e verifica se há diferenças. Adiciona os objectos que não tens na tua lista. Um aluno vai ao quadro escrever as palavras que tem na lista.* In Portuguese, make up a list of all the objects you see in the classroom. Compare your list with your partner's and check for differences. Add the names of the objects you do not have on your list. One student will go to the board and write his/her list.

37 *Completa as sequências.* Complete the following sequences.

1. três, seis, nove, ____, _____
2. dois, quatro, oito, dezasseis, ____, _____
3. seis, doze, dezoito, ____, _____
4. setenta, setenta e três, setenta e seis, ____, _____

38 *Escreve por extenso o preço de cada artigo.* Indicate the price of each item.

Exemplo: Correction fluid = € 1,50.   *O corrector custa um euro e cinquenta cêntimos.*

1. Book = € 13,00
2. Eraser = € 1,25
3. Water = € 0,50
4. Notebook = € 2,00

5. Coffee = € 1,00
6. Pencil = € 0,97
7. Calculator = € 15,00

8. Ham and cheese sandwich = € 1,95
9. Orange juice = € 1,40
10. Steak sandwich = € 5,25

39 *Na esplanada. Completa o diálogo.* Complete the dialogue.

Empregado: *Bom dia.*
    Carlos: ____ *dia. Uma* _____ *mista e uma água mineral* ____ *favor.*
Empregado: *Mais alguma* _____ *?*
    Carlos: *Não,* _____. _____ *é?*
Empregado: _____ *euros e quarenta* _____ .

40 *Com um colega, um faz o papel de empregado e o outro de cliente. Cria um diálogo entre os dois e apresenta-o à turma.* With a partner, one assumes the role of a waiter, the other of a customer. Create a dialogue between the two of you and present it to class.

41 *Escreve ou diz as seguintes datas em português:* Write or say the following dates in Portuguese:

Exemplo: Monday, April 16.   *Segunda-feira, dezasseis de Abril.*

1. Tuesday, December 24
2. Saturday, March 23
3. Monday, January 1
4. Friday, July 16

4. Thursday, February 17
6. Sunday, August 7
7. Friday, October 8
8. Saturday, April 19

7. Wednesday, September 15
8. Monday, June 14
9. Wednesday, May 31
10. Tuesday, November 29

42 *O Filipe está sempre um dia adiantado, a Judite corrige-o. Faz o papel de uma destas personagens e depois troca.* Filipe is always a day ahead, Judite corrects him. Play both roles.

Exemplo: 11 de Outubro   **Filipe:** *Hoje é o dia doze de Outubro.*
                     Judite: *Não, é o dia onze de Outubro.*

1. 6 de Dezembro
2. 15 de Abril
3. 14 de Fevereiro

4. 8 de Julho
5. 25 de Março
6. 19 de Maio

7. 14 de Novembro
8. 2 de Janeiro

9. 5 de Agosto
10. 20 de Junho

43 *Completa a seguinte informação.* Complete the following information.

1. Hoje é o dia _____.
2. Amanhã é o dia _____.
3. Ontem foi o dia _____.
4. Estamos no mês de _____.

5. O último mês do ano é _____.
6. O meu aniversário é no dia _____.
7. O aniversário do meu pai (father) é no dia _____.
8. O aniversário da minha mãe (mother) é no dia _____.

44 *O Roberto está sempre um dia atrasado e a Helena corrige-o. Faz o papel de uma destas personagens e depois troca.* Robert is always a day behind. Helen corrects him. Play both roles.

Exemplo: Domingo   **Roberto:** *Hoje é sábado.*
                 Helena: *Não, é domingo.*

1. terça-feira   2. quinta-feira   3. sexta-feira   4. segunda-feira   5. sábado   6. quarta-feira

Cultura ~

LET'S VISIT
LISBON

View of "Praça do Comércio," the entrance to the city, taken from "Castelo de São Jorge."

Arriving in Lisbon, we are ready for adventure. A walk, drive or metro ride down the hill from the Marquês do Pombal Rotunda will put us right in the middle of Rossio Square. This is the heart of the city, where shops, cafés and the Teatro Nacional are located. We can sit and relax in one of the many outdoor cafes and enjoy some of the marvelous drinks and desserts.

Next, we'll hop on an electric car and make our way to the top of the "city of hills" to visit Castelo de São Jorge where we can view the Tagus River and the entire city of Lisbon sprawling out below.

Visitors take the "eléctrico" through the Alfama district.

A "café with a view" in Alfama provides patrons a spectacular view of the entire city.

"Torre de Belém"
Courtesy of Lidel-Edições Técnicas

"Estátua de Cristo Rei"

"Mosteiro dos Jerónimos"

"Padrão dos Descobrimentos" (two views)

Next we'll take a bus to the waterfront area to see the *Torre de Belém,* the best known landmark in Portugal. From here the Portuguese caravels once set out to discover new worlds; and in 1498, Vasco da Gama embarked on his journey to find the maritime route to India.

We'll visit the beautiful *Padrão dos Descobrimentos,* shaped like the prow of a ship. It looks as if it is ready to set sail again to discover new lands. At the head of the prow is a sculpture of Prince Henry the Navigator, the most important advocate of the Portuguese explorations. He also founded a school of navigation, which helped open all of Europe to new worlds.

Across the street is the *Mosteiro dos Jerónimos* combining Gothic architecture with the Manueline style, remembrances of the sea entwined on its walls. The explorer Vasco da Gama and the famous Portuguese poet, Luís Vaz de Camões, author of *Os Lusíadas,* are entombed here.

"Ponte 25 de Abril"

View from "Castelo de São Jorge" showing "Rio Tejo."

"Parque Eduardo VII"
Courtesy ME / DEB - Carlos Silva.

The Luso Restaurant

"Eléctrico" in Alfama

Fresh produce at the Ribeira Market

After visiting the *Mosteiro dos Jerónimos*, we can walk down the street to enjoy the very famous *pastéis de Belém*. As evening falls, it will be time to refresh ourselves with delicious Portuguese food at one of the many local restaurants. While eating, we will enjoy a Fado show in the old district of Alfama. Fado is the "soul music" of Portugal and is famous throughout the world. We can also take in a folkloric (*folclórico*) show and watch the locals sing and dance in their beautiful traditional costumes.

Do you want to get together with younger people? Then be sure to visit the waterfront area of *Docas*, where modern rock music fills the air and there are lots of shops. Nightclubs and restaurants are open until the early hours of the morning.

We hope you enjoy our field trip to Lisbon, the capital city of Portugal. Our next trip will be to Portugal's Douro region. See you there!

A quaint café in the Alfama district

"Centro Comercial Vasco da Gama" at the World Expo '98

Having fun at the Oceanarium.

Vocabulário

Abril	April	*isto*	this
Agosto	August	*Janeiro*	January
água mineral (a)	mineral water	*janela (a)*	window
água mineral com gás (a)	carbonated mineral water	*Julho*	July
água mineral sem gás (a)	noncarbonated mineral water	*Junho*	June
aí	there	*lápis (o)*	pencil
ali	over there	*líquido corrector (o)*	correction fluid
amanhã	tomorrow	*livro (o)*	book
aniversário (o)	anniversary / birthday	*Maio*	May
antes de	before	*mapa (o)*	map
apagador (o)	board eraser	*Março*	March
apara-lápis (o)	pencil sharpener	*mês (o)*	month
aqui	here	*mesa (a)*	table
aquilo	that (over there)	*meses do ano (os)*	months of the year
arroz-doce (o)	rice pudding (Portuguese style)	*moeda (a)*	coin
bandeira (a)	flag	*mochila (a)*	backpack
bica (a)	expresso coffee	*nota (a)*	bill
bifana (a)	marinated pork steak	*ontem*	yesterday
borracha (a)	pencil eraser	*Outubro*	October
cadeira (a)	chair	*Novembro*	November
caderno (o)	notebook	*papel (o)*	paper
calculadora (a)	calculator	*pastéis de bacalhau (os)*	codfish cakes
calendário (o)	calendar	*pastel de feijão (o)*	bean tart
caneta (a)	pen	*pastel de nata (o)*	custard pastry
carteira (a)	student's desk	*prego (o)*	steak sandwich
comida (a)	food	*porta (a)*	door
computador (o)	computer	*primeiro*	first
depois de	after	*quadro (o)*	board
descafeinado (o)	decaffeinated coffee	*quarta-feira*	Wednesday
Dezembro	December	*quinta-feira*	Thursday
dia (o)	day	*rapariga (a)*	girl
dias da semana (os)	days of the week	*rapaz (o)*	boy
dicionário (o)	dictionary	*régua (a)*	ruler
dinheiro (o)	money	*relógio (o)*	watch / clock
domingo	Sunday	*rissóis de camarão (os)*	shrimp rissole
Dona (a)	Ms. / Miss / Mrs.	*sábado*	Saturday
empregado (o)	waiter	*sala de aula (a)*	classroom
escola (a)	school	*sandes mista (a)*	ham and cheese sandwich
esplanada (a)	outdoor café	*secretária (a)*	teacher's desk / secretary
Fevereiro	February	*segue*	follows
fim-de-semana (o)	weekend	*segunda-feira*	Monday
galão (o)	espresso and milk in a tall glass	*senhor (o)*	Mr., sir / gentleman / man
gelado (o)	ice cream	*senhora (a)*	Mrs. / lady / woman
giz (o)	chalk	*Setembro*	September
globo (o)	globe	*sexta-feira*	Friday
hoje	today	*sumo de laranja (o)*	orange juice
isso	that	*terça-feira*	Tuesday

EXPRESSÕES

adeus	goodbye	*(se) faz favor*	(if you) please
assim-assim	more or less	*igualmente*	likewise
até amanhã	see you tomorrow	*mais ou menos*	more or less
até já	see you soon	*Muito gosto.*	It's a pleasure,
até logo	see you later	*Muito prazer.*	It's a pleasure,
até à próxima	until the next time	*não tem de quê*	You're welcome
até à vista	until we meet again	*O meu nome é ____.*	My name is _____.
até para a semana	until next week	*obrigado/a*	thank you
boa noite	good night, good evening	*olá*	hello
boa tarde	good afternoon	*por favor*	please
bom dia	good morning	*Qual é a data?*	What is the date?
Chamo-me _____.	My name is_____.	*quando*	when
Como está(s)?	How are you?	*Quanto custa?*	How much does it cost?
Como se chama?	What is your name? (formal)	*Quanto é?*	How much is it?
Como te chamas?	What is your name? (informal)	*A quantos estamos?*	What is the date?
Como vai(s)?	How is it going?	*O que é?*	What is?
De nada.	You're welcome.	*Sou de ____.*	I'm from _____.
De onde é(s)?	Where are you from?	*Tudo bem?*	Is everything okay?
E tu?	And you?	*Vou bem .*	I'm fine.
É um prazer.	It's a pleasure.	*Tudo bem.*	Everything is okay.
Estou bem.	I'm fine. I'm well.		

View from St. Peter's belvedere in the Alcantara district

PROFICIENCY ACTIVITIES

1 Pretend António Marques is an exchange student from Sintra, Portugal. He comes into class with John Davis. In groups of three do the following:

   a. Greet one another.
   b. Tell one another your names.
   c. Ask António how he is.
   d. Ask António where he's from.
   e. Tell António where you're from.

2 Imagine you are sitting in a café in Lisbon near the monument of the Marquês do Pombal. Another student is seated at the next table and you begin a dialogue:

A popular student café in Lisbon.

   a. Greet the student and tell him who you are.
   b. The student returns the greeting and asks you how you are. You tell him that you are fine and ask him where he is from.
   c. Tell him you are from the United States.
   d. Say goodbye to each other.

3 Look at the pictures in the *"Cumprimentos"* section on *page 22*. Pretend you are one of the people in the photographs. Your classmate will pretend he/she is one of the other people in the photo. Do the following:

   a. Introduce yourself.
   b. Ask the person his/her name. Reply by telling your name.
   c. Ask how he or she is. Reply by saying how you are doing.
   d. Ask where he/she is from. Say where you are from.
   e. Say goodbye using different phrases.

4 Take two minutes to meet as many people in the class as you can by asking for their names in Portuguese. As you complete each person's greeting, write down his or her name. The person who properly finishes the conversation with the most names on his/her list receives a point.

5 Pretend you are at a "festa" in the International Student Center at the local college and know some of the people but not everyone. Go around the room and say hello, ask your friends how they are, and introduce yourself to others. Ask their names and where they are from.

6 Bring in pictures of your friends, make a collage of these friends and then present the collage to the class, telling your friends names and where they are from.

7 Write a postcard to a pen pal in a Portuguese-speaking country. Tell your pen pal your name and where you are from. Then ask him/her how they are doing.

8 You are the new registrar for the school system. Interview a few students. Make out a form to record information about each student. Include where he or she is from and where his or her parents are from. Have students in your group fill out an information form about you. Naturally, the information does not have to be true, and you can have fun naming different countries.

9 Here are some Portuguese words that are similar to English words. Can you tell their meanings? Listen to the teacher pronounce each word, then repeat.

Coisas e lugares

a. o aeroporto
b. o banco
c. o computador
d. o problema
e. o carro

f. o rádio
g. o motel
h. o hotel
i. o apartamento
j. o restaurante

k. o café
l. a blusa
m. a limonada
n. o televisor

o. o hambúrguer
p. o biquíni
q. o centro
r. o filme

Pessoas

a. o estudante
b. o mecânico
c. o arquitecto
d. o médico

f. o atleta
g. o inspector
h. o professor
i. o actor

k. o violinista
l. o dentista
m. o músico
n. o poeta

e. o general
j. o pianista
o. o presidente

Street scene in the Bairro Alto district, Lisbon

10 Use the words in *Proficiency 9* to complete this exercise. Who or what would you identify with the following people or items?

1. McDonalds® – Burger King®
2. The Ritz Carlton® – Sheraton®
3. RCA®–Zenith® – Sony®
4. Titanic – Grease – Star Wars
5. JFK International – O'Hare
6. Macintosh® – IBM®
7. Chopin – Liberace
8. Mercedes® – BMW®
9. Luís de Camões – Robert Frost
10. Clint Eastwood – Tom Hanks

11 The teacher has a box of objects. Pull out an object and ask a student what it is and how much it costs. The correct price for each object is written on a separate sheet that the teacher has. If the student gets the price correct he/she holds on to the object. At the end of 15 minutes, the student who has the most objects wins the game.

12 You will receive a list of objects that are located in and around the classroom. Count how many there are in the room. You will receive a point for each item that has the correct number. Here are some questions to get you started.

1. Quantas cadeiras há na sala de aula?
4. Quantos quadros há na sala de aula?
2. Quantos mapas há?
5. Quantos dicionários há?
3. Quantas folhas há no pacote?

13 Make a Bingo card with numbers from one through 100. Write an "X" over the numbers as you hear them called by your teacher or a classmate. When you get BINGO, read the numbers in Portuguese. As you read your answers, the teacher will place the numbers on the board. Prizes for winners!

A street in Alfama, Lisbon

Streetcar in Alfama

Water fountain at the World Expo park

14 For this activity each row in the class will be a team. Try to make the rows even in number if possible. The first person in each row will go up to the board. The teacher or a classmate will read in Portuguese a mathematical equation. All students at the board are to write down the equation and then solve the problem. The first to finish with the correct answer gets a point for the team. Continue to play by sending the second person in each row to the board, then the third, and so on. Teachers will go over words for "equals," "plus," "minus," "times."

Example: $18 - 4 = 14$ *Dezoito menos quatro são catorze.*

15 Make up the questions to go along with the following answers.

Example: *Resposta- Hoje é quinta-feira.* **Que dia é hoje?**

1. Amanhã é domingo.
2. Chamo-me Raquel.
3. O último mês do ano é Dezembro.
4. Estamos em Novembro.
5. Hoje são três de Março.
6. Ela é a Sónia.
7. Hoje são vinte e seis.
8. Estou bem, obrigado.

16 Answer the questions.

1. Como te chamas?
2. O que é isto? (pencil)
3. O que é isso aí? (book)
4. Que mês se segue a Fevereiro?
5. Que dia foi ontem?
6. Quanto custa a sandes mista? (€ 1,95)
7. Como estás?
8. Quem é ele? (Luís)
9. A quantos estamos hoje?
10. Que dia se segue a quarta-feira?
11. Que dia é amanhã?
12. Que dia é hoje?

Rooftops in the Alfama district, Lisbon

Unidade 1
Quem é?

52

Objectives

- ✈ Ask who a person is
- ✈ Describe a person
- ✈ Agree or disagree with someone
- ✈ Ask for someone's age and express your age
- ✈ Ask for and express an opinion
- ✈ Express where a person is from

At São Bento railway station in Porto, the walls of the spacious entrance are covered with decorative azulejos depicting important events in the history of Portugal. There are also scenes of everyday life based on motifs drawn from agriculture, commerce and local customs.

Leitura

A Helena é americana.*
A Helena é de Boston.
Ela estuda numa escola.
Ela estuda na Escola Secundária Green.
Ela é amiga da Carla.
A Helena é baixa e tem cabelo castanho.
Ela é simpática e estudiosa.

O Carlos é português.*
O Carlos é de L isboa.
Ele estuda numa escola secundária.
Ele estuda na Escola Secundária Luís de Camões.
O Carlos é amigo do Manuel.
O Carlos é alto.
Ele é simpático e divertido.

*In Portuguese, when a nationality is used as an adjective, it is not capitalized.

ACTIVIDADES

1 *O Carlos ou a Helena? Responde.* Carlos or Helena? Answer.

   1. Quem é de Lisboa?
   2. Quem é de Boston?
   3. Quem é estudante numa escola secundária portuguesa?
   4. Quem é estudante numa escola secundária americana?

2 *Como é o Carlos? Responde.* What is Carlos like? Answer.

   1. Ele é alto ou baixo?   3. Ele é simpático ou antipático?
   2. Ele é loiro ou ruivo?   4. Ele é divertido?

3 *Como é a Helena? Responde.* What is Helena like? Answer:

   1. Ela é alta ou baixa?
   2. Ela é ruiva ou tem cabelo castanho?
   3. Ela é simpática ou antipática?
   4. Ela é preguiçosa ou estudiosa?

Olá, gente!

4 *Responde às perguntas.* Answer the questions.

1. Quem é americana?
2. A Helena é estudante numa escola secundária portuguesa ou americana?
3. Quem é a amiga da Helena?
4. Quem é português?
5. De onde é a Helena?
6. A Helena é baixa ou alta?
7. Quem é estudante na Escola Secundária de Luís de Camões?
8. Quem é o amigo do Manuel?
9. De onde é o Carlos?
10. Quem é divertido?

O Manuel é amigo do Carlos.

A turma visita o Castelo de São Jorge.

Uma viagem de estudo ao Oceanário.

Os meninos brincam no recreio da escola.

Vocabulário

As Descrições ~ Descriptions

a rapariga

o rapaz

ruivo/a

moreno/a

cabelo branco

cabelo preto

loiro/a

cabelo castanho

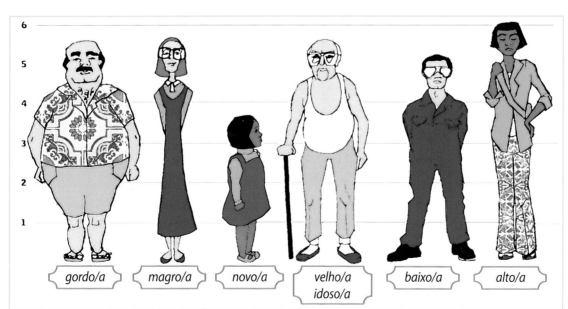

gordo/a   magro/a   novo/a   velho/a idoso/a   baixo/a   alto/a

> In Portuguese, to describe someone
> who has brown, black or
> white hair, use the verb ter as in the
> following expressions:
>
> Eu tenho cabelo castanho.
> Tu tens cabelo preto.
> Ele/ela tem cabelo branco.

Simpático

> Simpático cannot be translated as
> having only one meaning.
>
> It is the combination of nice,
> pleasant,
> warm and friendly.

MAIS VOCABULÁRIO

Some of the words below look similar to
English words. Can you tell what they mean?

desonesto/a	tímido/a
fantástico/a	sincero/a
inteligente	honesto/a
interessante	horrível
sério/a	

MAIS VOCABULÁRIO

antipático/a	unfriendly
bonito/a	handsome / pretty
corajoso/a	courageous
divertido/a	fun
estudioso/a	studious
feio/a	ugly
giro/a	cute
paciente	patient
perigoso/a	dangerous
simpático/a	friendly / pleasant
preguiçoso/a	lazy
jovem	young / teenager

simpático

antipática

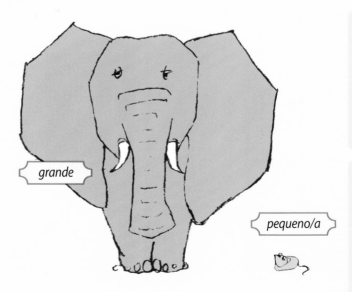

grande

pequeno/a

Actividades

5   *Descreve as seguintes pessoas, usando a informação entre parênteses:*   Describe the following people, using the information in parentheses:

1. José (courageous)
2. Raquel (fantastic)
3. Helena (intelligent)
4. António (interesting)
5. Carlos (timid)
6. João (serious)
7. Luísa (honest)
8. Ana (pretty)

6   *Completa as seguintes frases com os adjectivos entre parênteses.*   Complete the following sentences with the adjectives in parentheses.

1. O Carlos é _____. (tall)
2. A Ana é _____. (patient)
3. A Carla é _____. (blond)
4. O António é _____. (dangerous)
5. A Sandra é _____. (friendly)
6. O José é _____. (red hair)
7. O Filipe tem _____. (brown hair)
8. O Marco é _____. (funny)
9. O Bruno é _____. (studious)
10. A rapariga é _____. (skinny)

Ela é loira.

7   *Usando todo o vocabulário que já aprendeste, descreve um dos teus colegas da turma, não mencionando o seu nome. A turma vai tentar adivinhar quem é.*   Using the vocabulary you have learned, describe one of your classmates to the rest of the class without saying his or her name. The class will try to guess who the person is.

8   *Descreve uma pessoa ao teu colega. Indica quem é a pessoa, como ela é, de onde é, se é estudante ou não.*   Describe a person to your partner. Say who the person is and where he or she is from, what he or she is like, where he or she is a student. Reverse roles.

9   *Escreve um parágrafo sobre cada uma das pessoas apresentadas.*   Write a paragraph about each person.

Gina	Manuel	Fernando	João	Maria do Céu	Dulce

10 *Responde às perguntas de acordo com a leitura da página 54. Concorda ou discorda com o seguinte.* Answer the questions according to the reading on page 54. Agree or disagree with the following statements.

Exemplos: *A Helena é baixa, não é?*
Sim, ela é baixa.
A Helena é alta, não é?
Não, ela não é alta.

1. A Helena é muito divertida, não é?
2. Ela é loira, não é?
3. Ela é portuguesa, não é?
4. O Carlos é de Lisboa, não é?
5. Ele é baixo, não é?
6. Ele é simpático e divertido, não é?
7. Ele é amigo da Helena, não é?

11 *Responde de acordo com a leitura da página 54.* Answer according to the reading on page 54.

Exemplo: *A Helena é alta?* *Não, ela é baixa.*

1. A Helena é portuguesa?
2. A Helena é loira?
3. Ela é estudiosa?
4. O Carlos é baixo?
5. O Carlos é ruivo?
6. Ele é divertido?

12 *Lê e completa as frases.* Read and complete the sentences.

A Isabel Torres é de Angola. Ela é alta. Ela é estudante numa escola angolana. A Isabel tem cabelo preto. Ela é paciente e muito divertida.

1. A Isabel Torres é de Angola. Ela é alta, não é _____.
2. A Isabel é estudante numa escola _____, não é estudante numa _____ americana.
3. A Isabel tem ____ ____. Não é loira.
4. A Isabel é paciente e muito _____.

Duas amigas

Estrutura

I. Artigos definidos no singular ~ *Singular form of definite articles*

The definite article *the* in English precedes nouns that refer to specific people, places, animals or things. In Portuguese the definite article is *o* or *a*, depending on the gender of the noun. In Portuguese, nouns that end in *o* are masculine and nouns that end in *a* are feminine, with some exceptions.

With Masculine Nouns		With Feminine Nouns	
o menino	the boy	*a* menina	*a* menina
o gato	the cat	*a* gata	*a* gata
o livro	the book	*a* caneta	*a* caneta

Even though these words end in *a*, they are masculine: *o dia, o mapa, o planeta, o problema*

II. Artigos indefinidos no singular ~ *Singular form of indefinite articles*

In Portuguese, *um* and *uma*, in addition to expressing the number one, also correspond to *a* and *an* in English. These indefinite articles are used in English and Portuguese when referring to a non-specific person, place or thing.

With Masculine Nouns		With Feminine Nouns	
um menino	a boy	*uma* menina	a girl
um aluno	a male student	*uma* aluna	a female student
um caderno	a notebook	*uma* borracha	an eraser

Os estudantes esperam o início das aulas.

Actividades

13 *Completa com o artigo definido o ou a.* Complete with the correct definite article.

1. ___ menino não é americano. ___ menino é angolano. ___ menina é brasileira.
2. ___ aluna é morena e ___ aluno é loiro.
3. ___ amigo angolano é o Chico e ___ amiga brasileira é a Milene.
4. É ___ caneta do Sr. Mendes.
5. ___ D. Carina é professora.

A Susana faz o trabalho de casa.

14 *Completa com o artigo indefinido um ou uma.* Complete with the correct indefinite article.

1. O Luís é ____ menino moçambicano e a Rosa é ____ menina portuguesa.
2. O Luís é ____ aluno muito sério.
3. O Luís é ____ bom amigo.
4. A Rosa é ____ aluna simpática.
5. Ela é ____ boa aluna.
6. O Sr. Mendes tem ____ aluna cabo-verdiana.
7. A Rosa é ____ boa amiga.
8. O Sr. Mendes é professor de ____ menino brasileiro.

15 *Completa com o artigo indefinido um ou uma.* Complete with the correct indefinite article.

1. ____ caderno
2. ____ borracha
3. ____ quadro
4. ____ escola
5. ____ dia
6. ____ livro
7. ____ mochila
8. ____ aula
9. ____ lápis
10. ____ secretária
11. ____ dicionário
12. ____ mapa

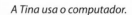

A Teresa tira apontamentos.

A D. Inês fala com os alunos

A Tina usa o computador.

III. A concordância dos adjectivos ~ *Adjective agreement*

Adjectives are words that describe nouns. While adjectives usually precede nouns in English, they frequently follow nouns in Portuguese.

Examples:

o menino *bonito*	the *handsome* boy
o rapaz *italiano*	the *Italian* boy
a menina *bonita*	the *pretty* girl
a rapariga *italiana*	the *Italian* girl

An adjective must agree in number (singular or plural) and in gender (masculine or feminine) with the noun it describes or modifies.

Examples:

O Luís é loir*o*.	A Rosa é loir*a*.
Os alunos são loir*os*.	As alunas são loir*as*.

ACTIVIDADES

16 *Completa com a forma correcta do adjectivo.* Complete the sentence below using the correct form of the adjective.

1. Ele é _____ (loiro).
2. A Rosa é _____ (divertido).
3. O menino é _____ (ruivo).
4. A professora é _____ (canadiano).
5. Ela é _____ (moreno).

6. A Carla é _____ (angolano).
7. A mochila é _____ (pequeno).
8. O aluno é _____ (alto).
9. A Ana é _____ (brasileiro).
10. O quadro é _____ (grande).

17 *Responde às perguntas de acordo com a informação dada.* Answer the questions using the information given.

1. A Ana é angolana ou brasileira? (brasileiro)
2. O António é estudante numa universidade? (sim)
3. Ele é americano ou cabo-verdiano? (americano)
4. O menino é loiro ou ruivo? (loiro)
5. A Ana é uma menina preguiçosa ou estudiosa? (estudioso)
6. Ela é estudante numa escola secundária? (não)
7. A Ana é uma rapariga loira? (não)
8. O António é moçambicano, não é? (sim)
9. Ele é um aluno sério, não é? (sim)
10. Ela é honesta ou desonesta? (honesto)

A Alice é uma excelente aluna.

18 *Descreve cinco pessoas usando os seguintes adjectivos.* Describe five people using the adjectives below.

moreno	ruivo	baixo	sério	alto	americano
simpático	estudioso	divertido	sincero	tímido	loiro

19 *Usando o diálogo seguinte como modelo, cria diálogos conforme a informação dada.* Using the following dialogue as a model, construct dialogues with the given information about the people in the pictures.

— **Quem é ela?**
— *É a Maria.*
— **De onde é ela?**
— *É de Ponta Delgada, São Miguel. Ela é portuguesa.*
— **Onde é que ela estuda?**
— *Ela estuda numa escola secundária de Ponta Delgada.*
— **Como é ela?**
— *Ela é baixa e divertida.*

Isabel

Évora, Portugal
escola secundária de Évora
alta / interessante

Manuel

Lisboa, Portugal
escola secundária de Lisboa
estudioso / novo

Mathew

São Paulo, Brasil
escola secundária de São Paulo
simpático / cabelo castanho

Paulo

Tulare, California
escola secundária de Tulare
magro / corajoso

Teresa

Praia, Cabo Verde
escola secundária da Praia
baixa / divertida

Escola Secundária Marquês de Pombal, Lisboa

IV. Presente do Indicativo do verbo *ser* ~ *Present tense of the verb* to be

The verb *ser* is one of the verbs meaning *to be*. It is used to describe and identify people, things and geographical and permanent locations.

Singular

eu	*sou*
tu	*és*
você	
o senhor / a senhora	*é*
ele / ela	

Examples:

Eu *sou* aluno.
Tu *és* loiro.
Você *é* americano.
O senhor *é* professor.
A senhora *é* honesta.
Ele *é* simpático.
Lisboa *é* em Portugal.

Because each form of the verb is different in Portuguese, the subject pronoun may be omitted unless it is needed for clarity.

Examples: Sou o professor.
És estudante.

Sou um jovem professor.

V. Pronomes pessoais no singular ~ *Subject pronouns in the singular*

1ª pessoa: eu ~ "I"

2ª pessoa:

tu ~ "*you*" (familiar / informal) ~ when you address a friend or a person you are familiar with or close to

você ~ "*you*" (semi-formal) ~ when you address someone your own age-level in a polite manner (Note: *você* in Brasil is used instead of *tu*.)

O senhor/a senhora ~ when you address someone with whom you are not familiar with or to show respect.

3ª pessoa: ele *(he)*, ela *(she)*

—*Minha senhora, quanto é um quilo de peixe?*

ACTIVIDADES

20 *Completa as frases com a forma correcta do verbo **ser**.* Complete the sentences with the correct form of the verb *ser*.

1. O Luís _____ loiro, mas a Carla _____ ruiva.
2. O menino _____ simpático.
3. A turma _____ grande .

4. Você _____ alto e moreno.
5. Tu _____ divertido.
6. Eu não _____preguiçoso.

21 *Completa com os pronomes pessoais correctos.* Complete with the correct subject pronouns.

1. _____ sou de Lisboa.
2. _____ é alta e ruiva.
3. _____ é aluno de português.
4. _____ não sou professor.
5. _____ és amigo do Carlos.

22 *Faz cinco perguntas ao teu colega, usando a forma **tu** do verbo **ser**.* Ask your partner five questions using the *tu* form of the verb *ser*.

Exemplo: *Tu és alto ou baixo?*

Leitura

— *Olá! Sou o Pedro West.*
— *Sou americano, sou de Boston.*
— *Sou estudante na Escola Secundária Boston Latin.*
— *Sou amigo da Teresa Gomes.*

— *Olá! Sou a Teresa Gomes.*
— *Sou cabo-verdiana, sou da Praia.*
— *Sou estudante numa escola secundária da Praia.*
— *Sou amiga do Pedro West.*

Os claustros da Universidade de Évora

23 *Responde:* Answer:

1. Quem é americano, o Pedro West ou a Teresa Gomes?
2. De onde é o Pedro West? É de Lisboa ou de Boston?
3. Qual é a nacionalidade do Pedro? É americano ou português?
4. Qual é a escola do Pedro West?
5. Qual é a nacionalidade da Teresa?
6. Onde é que ela estuda?

VI. Presente do Indicativo do verbo *ter* ~ *Present tense of the verb* to have

Singular

eu *tenho*

tu *tens*

você
o senhor / a senhora } *tem*
ele / ela

Examples:

Eu *tenho* dois livros.

Tu *tens* muitos amigos.

Ele *tem* um caderno.

ACTIVIDADES

24 *Completa as frases com a forma correcta de* **ter**. Complete the sentences with the correct form of **ter**.

1. Eu _____ três livros na mochila.
2. O Pedro _____ um lápis na carteira.
3. Tu _____ uma caneta azul?
4. A Carla _____ uma bicicleta bonita.
5. O rapaz _____ um relógio pequeno.
6. Ela _____ muitos amigos em Portugal.
7. Eu _____ cabelo castanho. Não sou loira.
8. O professor _____ um carro novo.
9. Tu _____ um amigo muito divertido.
10. O estudante ____ Português todos os dias.

25 *Responde às perguntas de acordo com a informação dada.* Answer using the information given.

Exemplo: Ela tem cabelo preto? (sim) *Sim, ela tem cabelo preto.*

1. Tu tens um lápis na carteira? (sim)
2. Ele tem um carro novo? (não)
3. Tu tens um teste na sexta-feira? (não)
4. O professor tem bons alunos? (sim)
5. O Pedro tem muitos amigos? (não)

VII. A idade com o verbo *ter* ~ *Telling one's age using the verb* ter

To tell one's age, use the following construction: *ter + number + anos*

Examples: Ela *tem* catorze anos. Eu *tenho* quinze anos.

To ask a person's age, you may use:

Quantos anos tens? How old are you? *Que idade tens?* What is your age?

Example: Ana: *Quantos anos tens, Lisa?* Lisa: *Tenho quinze anos.*

The verb *ter* is not used when asking for someone's birthday:

Example: Ana: *Quando é que fazes anos?* Lisa: *Faço anos em Novembro.*

Ana: *Quando é o teu aniversário?* Lisa: *É em Setembro.*

Actividades

26 Pergunta a idade a alguns dos teus colegas e apresenta a informação à turma. Ask some classmates their age and present the information to the class.

> **Exemplo:** **Estudante 1:** *Quantos anos tens, Roberto?*
> **Roberto:** *Tenho catorze anos.*
> **Estudante 1:** *O Roberto tem catorze anos.*

27 Quantos anos têm as pessoas? How old are the people?

> **Exemplo:** Jacinto—7   *O Jacinto tem sete anos.*

1. Ele—18
2. Rui—15
3. Teresa—14
4. Eu—13
5. Eu—17
6. Leonor—11
7. Tu—8
8. Você—22

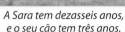

A Sara tem dezasseis anos, e o seu cão tem três anos.

28 Responde às perguntas. Answer the questions.

1. Quantos anos tens?
2. Quando é que fazes anos?
3. Que idade tem o teu colega?
4. Quantos anos fazes?

29 Com o teu colega escreve um diálogo segundo o modelo. Team up with a partner and create a dialogue similar to the following.

> **Roberto:** *Olá, Paula.*
> **Paula:** *Olá, Roberto.*
> **Roberto:** *Quantos anos tens?*
> **Paula:** *Tenho 14 anos. E tu?*
> **Roberto:** *Eu também tenho catorze anos. Quando é que fazes anos?*
> **Paula:** *Eu faço anos no dia dez de Junho. E tu?*
> **Roberto:** *Eu faço anos no dia catorze de Setembro.*

Os jovens têm quinze anos.
Eles visitam o Parque das Nações.

VIII. Frase negativa ~ *Negative sentence*

To make a sentence negative in Portuguese, place the word *não* before the verb.

Examples: Ele é divertido.   Ele *não* é divertido.

Tu és alto.   Tu *não* és alto.

ACTIVIDADES

30 *Muda as frases para a forma negativa.* Change the following sentences to the negative form.

1. A Carla é alta.
2. O caderno custa dois euros.
3. A aula de Português é aborrecida.
4. Eu tenho cabelo castanho.
5. Ela é loira.
6. Ela tem cabelo preto.

7. Hoje é terça-feira.
8. Eu sou de Lisboa.
9. O computador é pequeno.
10. Tu tens aula amanhã.
11. O senhor é professor.
12. Tu tens escola sábado.

31 *Pergunta ao teu colega como são as pessoas, usando a informação dada entre parênteses. Segue o exemplo.* Team up with a partner. Using the information in parenthesis, ask your partner what the people are like. Follow the example.

Exemplo: Rui (alto/sim)
   Estudante 1: *O Rui é alto?*
   Estudante 2: *Sim, é alto.*

Exemplo: Rui (alto/não)
   Estudante 1: *O Rui é alto?*
   Estudante 2: *Não, o Rui não é alto. Ele é baixo.*

1. Helena (alta/sim)
2. José Luís (sério/não)
3. Artur (honesto/sim)
4. Isabel (baixa/sim)
5. Roberto (tímido/não)
6. Ana (loira/não)
7. Teresa (simpática/sim)
8. Pedro (sincero/sim)

O pescador é simpático.

32 *Responde às perguntas de acordo com a informação entre parênteses.* Answer the questions according to the information in parentheses.

1. A Ana é loira? (sim)
2. O rapaz é estudioso? (sim)
3. O lápis tem uma borracha? (sim)
4. O Ricardo é divertido? (não)
5. A estudante é simpática? (sim)

6. A escola é pequena? (grande)
7. O apagador é branco? (não)
8. A Rosa tem cabelo branco? (preto)
9. O amigo é desonesto. (honesto)
10. A mochila é grande? (não)

Leitura

O Pedro e o Paulo são altos, simpáticos, giros e têm cabelo castanho.

A Mónica e a Alice são altas, loiras, simpáticas e elegantes.

A Mónica, a Alice, o Pedro e o Paulo são amigos. Os quatro são do Porto. Eles são estudantes numa escola secundária. Eles são inteligentes e são muito populares.

ACTIVIDADE

33 *Responde às perguntas.* Answer the questions.

1. O Paulo e o Pedro são loiros, não são?
2. Eles são bons alunos?
3. Eles são altos ou baixos?
4. A Mónica e a Alice são ruivas, não são?
5. De onde são eles?
6. A Mónica e a Alice são altas?
7. Os quatro são populares?

É uma música agradável.

Eles são bons amigos

IX. Singular e plural do verbo *ser* ~ *Singular and plural of the verb* to be

Singular		Plural	
eu	*sou*	nós	*somos*
tu	*és*	vós	*sois*
você		vocês	
o senhor / a senhora	*é*	os senhores / as senhoras	*são*
ele / ela		eles / elas	

X. Pronomes pessoais no plural ~ *Subject pronouns in the plural*

1ª pessoa: *nós* ~ *"we"* ~ when you speak about yourself together with other people

2ª pessoa: *vós* ~ *"you"* ~ formal situations and some written forms
vocês ~ *"you"* ~ informal situations, plural
os senhores ~ when you speak formally to a group of males or a mixed group.
as senhoras ~ when you speak formally to a group of females.

3ª pessoa: *eles* ~ *"they"* ~ masculine
elas ~ *"they"* ~ feminine
eles ~ *"they"* ~ mixed group

Os homens falam sobre o jogo de futebol de sexta-feira.

In Portuguese it is not always necessary to use the subject pronoun unless clarification or emphasis is needed. Usually, the verb ending indicates the subject.

Examples:
Somos amigos.
És simpática.

ACTIVIDADES

34 *Completa com a forma correcta do verbo* **ser**. Complete with the correct form of the verb *ser*.

1. Tu não _____ antipático.
2. Nós _____ portugueses.
3. Vocês _____ bons alunos.
4. A Carla e a Joana _____ amigas.
5. Eu _____ boa aluna.
6. Eles _____ alunos do Prof. Lopes.
7. O professor _____ simpático.
8. Você _____ alta.
9. Eu e o Zé _____ inteligentes.
10. Ele _____ americano.

35 *Completa o parágrafo com a forma correcta do verbo* **ser**. Complete the paragraph using the correct form of the verb *ser*.

Eu _____ amigo da Ana. A Ana _____ muito simpática. Ela _____ boa aluna e eu também _____ bom aluno. Eu e a Ana _____ alunos do Prof. Silva. Ele _____ professor de Matemática. Ele _____ de Lisboa. A aula do Prof. Silva _____ muito interessante. Eu e a Ana _____ açorianos. Nós _____ de São Miguel, Açores.

36 *Escreve um parágrafo sobre ti, usando a* **Actividade 34** *como modelo.* Write a paragraph about yourself using **Activity 34** as a model.

37 *Em grupos de três, cada aluno faz as perguntas aos outros dois. Um responde pelos dois.* In groups of three, each student asks questions to the other two. Answer the questions as a pair.

1. Vocês são estudantes da escola _____?
2. Vocês são americanos?
3. Vocês são divertidos?
4. Vocês são bons estudantes?
5. Vocês são amigos?

38 *Responde de acordo com o diálogo.* Answer according to the dialogue:

Rapaz: *Olá, meninas. Nós somos estudantes numa escola secundária do Porto. E vocês?*
Rapariga: *Nós somos estudantes numa escola secundária de Benfica em Lisboa.*
Rapaz: *Nós somos bons amigos, estudiosos e divertidos. E vocês?*
Rapariga: *Nós também somos estudiosas e divertidas.*

1. Onde é que os rapazes são estudantes?
2. Elas são estudantes numa universidade ou numa escola secundária?
3. Os rapazes são amigos?
4. Eles são estudiosos?
5. Elas são estudiosas ou preguiçosas?
6. Elas são divertidas?
7. Como são as raparigas?

XI. Singular e plural do verbo *ter* ~ *Singular and plural of the verb* to have

	Singular			Plural
eu	*tenho*		nós	*temos*
tu	*tens*		vós	*tendes*
você o senhor / a senhora ele / ela	} *tem*		vocês os senhores / as senhoras eles / elas	} *têm*

ACTIVIDADES

39 *Completa as frases com a forma correcta do verbo* **ter**. Complete each sentence with the correct form of the verb *ter*.

1. Eles _____ amigos divertidos.
2. Nós _____ livros portugueses.
3. Vocês _____ bons professores.
4. A Carla e a Joana _____ 17 anos.
5. Eu e a Maria _____ boas amigas.
6. Vós _____ professoras simpáticas.
7. Os professores _____ muitos alunos.
8. Vocês _____ cabelo preto.
9. Tu e eu _____ aula à quinta-feira.
10. Tu e ele _____ vinte anos.

40 *Completa com a forma correcta do pronome pessoal.* Complete with the correct subject pronoun.

1. _____ tem catorze anos.
2. _____ têm os livros na mochila.
3. _____ temos bons amigos.
4. _____ tens professores simpáticos.
5. _____ tenho aula amanhã.
6. _____ tem pouco dinheiro.

Que idade tem o senhor?

Eles têm umas mochilas bonitas!

41 *Na sala de aula. Responde às perguntas, usando a forma correcta do verbo* **ter**. In the classroom. Answer the questions using the correct form of *ter*.

1. Quem tem muitos livros?
2. Quem tem um carro novo?
3. Quantos anos tens?
4. Vocês têm aula de Português amanhã?
5. Quantos alunos têm cabelo castanho?
6. Quantos livros tens na mochila?
7. Quantas carteiras tem a sala de aula?
8. Quantas portas tem a sala de aula?

XII. Artigos definidos ~ *Definite articles*

	Singular		Plural	
Masculine Nouns ~	*o* livro	the book	*os* livros	the books
Feminine Nouns ~	*a* caneta	the pen	*as* canet**as**	the pens

XIII. Artigos indefinidos ~ *Indefinite articles*

	Singular		Plural	
Masculine Nouns ~	*um* dicionário	a dictionary	*uns* dicionários	some dictionaries
Feminine Nouns ~	*uma* mesa	a table	*umas* mes**as**	some tables

ACTIVIDADES

42 *Coloca o artigo definido antes de cada substantivo.* Place the correct definite article before each noun.

1. ____ computador
2. ____ alunas
3. ____ borracha
4. ____ carteiras
5. ____ corrector
6. ____ giz
7. ____ aulas
8. ____ professor
9. ____ livros
10. ____ dicionários

43 *Coloca o artigo indefinido antes de cada substantivo.* Place the correct indefinite article before each noun.

1. ____ aluna
2. ____ quadro
3. ____ professoras
4. ____ cadernos
5. ____ escolas
6. ____ folha de papel
7. ____ secretárias
8. ____ relógio

Eles são alunos da D. Inês

44 *Completa com um artigo definido ou indefinido.* Complete with a definite or indefinite article.

____ João tem _____ mochila bonita. _____ mochila do João é grande e tem _____ livros e ____ cadernos dele; tem _____ livro de Matemática e _____ livro de Português. _____ livro de Matemática é grande e _____ livro de Português é interessante.

XIV. Regras do Plural ~ *Rules of Forming the Plural*

Rule 1: Most nouns and adjectives ending in a vowel form their plural by adding an *s*.

o estudant*e* ~ o*s* estudante*s*	a borrach*a* ~ a*s* borrach*as*
o livr*o* ~ o*s* livro*s*	o men*u* ~ o*s* men*us*
o pa*i* ~ o*s* pai*s*	o quadr*o* ~ os quadr*o*s

Rule 2: Most nouns and adjectives ending in *r*, *s*, or *z* form their plural by adding *es*.

o professo*r* ~ os professo*res*	o rapa*z* ~ os rapa*zes*
o portuguê*s** ~ os portugue*ses*	o pi*res*** ~ os pi*res*

* When a word ends in *ês*, the accent is dropped in the plural.
** Words ending in *es* with no accent are the same for singular and plural.

Rule 3: Nouns and adjectives ending in *m* form their plural by changing the *m* into *ns*.

o home*m* ~ os home*ns*	a garage*m* ~ as garage*ns*

Rule 4ᴀ: Nouns and adjectives that end in *al*, *el*, *ol*, and *ul* form their plural by changing the *l* into *is*.

o anim*al* ~ os anim*ais*	o far*ol** ~ os far*óis*
o hot*el** ~ os hot*éis*	o az*ul* ~ os az*uis*
o móv*el* ~ os móv*eis*	

* Words ending in *el* and *ol* will take an acute accent on the *e* and *o*, respectively, in the plural forms, if there is no accent in the singular forms.

Rule 4ʙ: Nouns and adjectives that end in *il* have two plural forms.

1. The *il* is dropped and *eis* is added if there is a written accent in the singular form.

o répt*il* ~ os répt*eis*	o fóss*il* ~ os fóss*eis*

2. The *l* is dropped and *s* is added if there is no accent on the singular form of the word.

o funi*l* ~ os funi*s*	o barri*l* ~ os barri*s*

Note: Nouns and adjectives that end in *ão* form the plural by:

1. Changing *ão* to *ões.*

a liç*ão* ~ as liç*ões*	a canç*ão* ~ as canç*ões*
o lim*ão* ~ os lim*ões*	o bot*ão* ~ os bot*ões*

2. Changing *ão* to *ães.*

o p*ão* ~ os p*ães*	o capit*ão* ~ os capit*ães*
o c*ão* ~ os c*ães*	alem*ão* ~ alem*ães*

3. By adding *s.*

o irm*ão* ~ os irm*ãos*	o cidad*ão* ~ os cidad*ãos*
a m*ão* ~ as m*ãos*	

Actividades

45 *Muda para o plural usando a **Regra 1.*** Change to the plural using ***Rule 1.***

1. a aluna   2. a borracha   3. grande   4. inteligente   5. simpático

46 *Muda para o plural usando a **Regra 2.*** Change to the plural using ***Rule 2.***

1. o apagador   2. a voz   3. o computador   4. francês   5. o senhor

47 *Muda para o plural usando a **Regra 3.*** Change to the plural using ***Rule 3.***

1. o homem   2. a viagem   3. a imagem   4. bom   5. a ordem

48 *Muda para o plural usando a **Regra 4A.*** Change to the plural using ***Rule 4A.***

1. a capital   2. amável   3. o anel   4. espanhol   5. o hospital

49 *Muda para o plural usando a **Regra 4B-1.*** Change to the plural using ***Rule 4B-1.***

1. frágil   2. difícil   3. fácil   4. útil

50 *Muda para o plural usando a **Regra 4B-2.*** Change to the plural using ***Rule 4B-2.***

1. canil   2. barril   3. funil   4. gentil   5. anil

51 *Muda para o plural.* Change to the plural.

1. a tradição   3. a nação   5. a explicação   7. a canção   9. a acção
2. o pão   4. o capitão   6. o limão   8. o irmão   10. o botão

52 *Muda para o plural.* Change to the plural, using the rules that apply.

1. o pão   4. o homem   7. o professor   10. o barril
2. o amigo   5. a nação   8. o cartaz   11. a borracha
3. o francês   6. o réptil   9. a parede   12. o hospital

53 *Muda as frases para o plural. Segue o exemplo.* Change the sentences to the plural.

Exemplo: A caneta é azul.   ***As canetas são azuis.***

1. O estudante é simpático.
2. A senhora é alta.
3. O funil é do capitão.
4. O rapaz é inteligente.
5. Ele é cidadão holandês.
6. O amigo é divertido.
7. O homem é baixo.
8. O senhor é português.
9. A garagem é grande.
10. A lição é fácil.
11. O hotel é horrível.
12. O plano é simples.

Capela das Almas, Porto

Uma esquina duma rua no Porto

XV. Demonstratives

Demonstratives are used to point out how close to or far away a person or object is to the speaker. Like other adjectives, demonstratives must agree with the nouns in number and gender. *In Portuguese, there are three groups of demonstratives:*

Singular Forms

Masculine	Feminine			Adverb
este	esta	*this*	(close to the speaker)	*aqui*
esse	essa	*that*	(close to the person spoken to)	*aí*
aquele	aquela	*that*	(far from both speakers)	*ali/lá/acolá*

Plural Forms

estes	estas	*these*	(close to the speaker)	*aqui*
esses	essas	*those*	(close to the person spoken to)	*aí*
aqueles	aquelas	*those*	(far from both speakers)	*ali/lá/acolá*

The following adverbs are sometimes used to specify the place of the object or person.

aqui	*here*	(close to the speaker)
aí	*there*	(close to the listener)
ali/lá/acolá	*over there*	(far from the speaker and listener)

Examples: Este lápis *aqui*.   Estes cadernos *aqui*.
Essa caneta *aí*.   Esses senhores *aí*.
Aquela senhora *ali*.   Aqueles alunos *ali*.

—Passa-me essa bola!

Aquela baliza ali

Esta bola aqui

Actividades

54 *O Pedro leva a sua amiga Marta a uma festa e ela quer saber quem são algumas pessoas. A Marta pergunta quem são e o Pedro responde.* Pedro takes his friend Marta to a party. Marta wants to know who some of the people are. She asks Pedro.

Exemplo: Rapaz / ali (Fernando)
Marta: *Quem é aquele rapaz ali?*
Pedro: *Aquele rapaz é o Fernando.*

1. o rapaz / aí (o Carlos)
2. os rapazes / aí (o José e o Pedro)
3. a senhora / ali (a D. Fátima)
4. as senhoras / ali (a D. Rita e a D. Ana)
5. o rapaz / aqui (o Manuel)
6. os colegas / aí (a Carmen e o Rui)
7. as raparigas / aqui (a Tina e a Guida)
8. a rapariga / ali (a Graça)
9. os senhores / ali (o Sr. Álvaro e o Sr. Bruno)
10. o estudante / aqui (o Luís)

O artista é interessante.

55 *Completa com o demonstrativo correcto.* Fill in the blanks with the correct demonstratives.

1. _____ livro ali
2. _____ mapa aqui
3. _____ mesa ali
4. _____ corrector ali
5. _____ caneta aí
6. _____ quadro ali
7. _____ carteira aí
8. _____ mochila aí
9 _____ giz aqui
10. _____ bandeira aqui

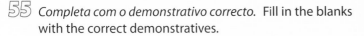

Pronúncia

Acentos ~ Accents

Symbol	Name	Description	Examples
´	*agudo* (acute)	Used to stress a vowel.	ananás, avó, férias, é
^	*circunflexo* (circumflex)	Used to stress a vowel and it closes the sound.	ciências, avô, amêndoa, três
~	*til* (tilde)	Shows stress on a vowel and serves to nasalize it.	irmão, irmã, põe, amanhã
`	*grave* (grave)	Stresses vowel and indicates a contraction between the preposition "*a*" (to, at) and the article "*a*" (the), or any form of the demonstrative *aquela*.	a + aquela = *àquela* a + a = *à*

Recapitulação

Na Sala de Aula

— *Esta é a sala de aula de Português.*
— *É uma sala de aula grande, não é pequena.*
— *A professora chama-se Maria Martins.*
— *Ela é portuguesa.*
— *A aula de Português é fácil, não é difícil.*
— *A aula de Português é interessante.*
— *A professora tem muitos alunos.*

ACTIVIDADES

56 *Responde de acordo com a leitura e a fotografia.* Answer according to the reading and the picture.

1. Quem é a professora de Português?
2. A sala de aula de português é grande ou pequena?
3. A aula de Português é interessante?
4. De que nacionalidade é a professora de Português?
5. A aula de Português é fácil ou difícil?
6. A aula de Português tem um mapa?
7. Quantos alunos tem a turma de Português?
8. A sala de aula de Português tem um computador?

MAIS VOCABULÁRIO

aula (a)	class (of study, e.g. Math class)
fácil	easy
difícil	difficult

57 *Descreve a tua aula de Português. Inclui:* Describe your Portuguese class including:

1. Nome do professor (teacher's name)
2. Fácil ou difícil (easy or difficult)
3. Número de carteiras (number of desks)
4. Tamanho da sala de aula (size of the classroom)
5. Número de alunos (number of students)
6. Os objectos da aula (objects in classroom)

58 *Responde às perguntas.* Answer the questions.

1. És interessante?
2. És alto ou baixo?
3. Eu sou loiro ? (não)
4. És americano ou português?
5. A Joana é aluna numa universidade? (sim)
6. O Carlos é sério, não é? (sim)

59 *Completa os seguintes parágrafos com o verbo* **ser**. Complete the paragraphs with the verb *ser*:

O André _____ primo do João. Eles _____ meus amigos. O André e o João _____ alunos da Universidade de Coimbra. Eles _____ bons alunos. O André _____ de Coimbra e o João _____ de Sintra. Eles _____ portugueses. Coimbra _____ uma cidade grande, mas Sintra não _____ grande; _____ pequena.

O André e o João _____ alunos do Dr. Duarte. O Dr. Duarte _____ professor de Inglês. Ele não _____ português, _____ inglês. Ele _____ de Londres, a capital da Inglaterra. A aula do Dr. Duarte _____ muito interessante. Ele _____ muito bom professor. Eu e os meus colegas _____ amigos do Dr. Duarte.

60 *Lê ou escuta o diálogo e depois fala da Manuela e do Víctor.* Read or listen to the dialogue, then tell what you know about Manuela and Victor.

> Manuela: Olá? Quem é você?
> Víctor: Eu sou o Víctor, Víctor Ferreira. E tu?
> Manuela: Eu sou a Manuela Cabral. Você é americano?
> Víctor: Não, eu sou português. E tu?
> Manuela: Eu sou brasileira. Você é aluno numa escola secundária?
> Víctor: Não, sou aluno da universidade. E tu?
> Manuela: Eu sou aluna numa escola secundária.

Monument to D. Pedro IV, the liberal king who gave his heart to the city of Porto.

61 *Completa as frases usando a forma correcta do verbo* **ser.** *Faz a concordância do adjectivo.* Complete the sentences using the correct form of *ser.* Make sure the adjective agrees with the subject.

1. eu / brasileiro	4. tu / loiro	7. ela / moreno
2. ele / aluno	5. o senhor / angolano	8. você / baixo
3. nós / português	6. vocês / simpático	9. elas / divertido

62 *Numa entrevista em português, pergunta o seguinte ao teu colega.* In an inteview, ask your partner the following questions in Portuguese:

1. name   2. home country   3. nationality   4. personal qualities   5. physical description

63 *Pergunta ao teu colega se é…* Ask your partner if he/she is…

1. alto	3. divertido	5. tímido	7. simpático
2. de Portugal	4. loiro	6. aluno na Universidade de Coimbra	

64 *Em grupos de três, um aluno faz as mesmas perguntas da* **Actividade 61** *aos outros dois colegas, usando* **vocês.** In groups of three, one student asks the others the same questions in **Activity 61** using *vocês.*

65 *Completa as frases com o demonstrativo correcto.* Complete with the correct demonstrative.

1. _____ caderno aqui é grande.
2. _____ mochila aí é pequena.
3. _____ rapariga ali é tímida.
4. _____ rapazes aqui são giros.
5. _____ senhora ali é muito simpática.
6. _____ alunos aí têm cabelo castanho.
7. _____ aluna aqui é inteligente.
8. _____ senhores ali são professores.
9. _____ aí é horrível.
10. _____ ali não é feio.

66 *Descreve as seguintes pessoas.* Describe the following people.

1. o professor de português *(Portuguese teacher)*
2. um actor ou actriz *(an actor or an actress)*
3. uma pessoa da tua família *(a family member)*
4. um amigo *(a friend)*
5. o professor de inglês *(English teacher)*

67 *Faz perguntas sobre as pessoas das fotografias* **a** *e* **b.** *Depois, cria um diálogo entre a pessoa da fotografia* **a** *e da fotografia* **b.** Ask your partner questions about photograph *a* and photograph *b.* Then, make up a dialogue between person *a* and person *b.*

68 *Muda as frases para a forma negativa.* Change the sentences to the negative form.

1. Aquele lápis é pequeno.
2. Tu tens cabelo preto.
3. Vocês são ruivos.
4. A rapariga é desonesta.
5. Eu tenho dezasseis anos.

Rua de Santa Catarina, Porto

69 *Completa com a forma correcta dos pronomes pessoais.* Complete the following sentences with the correct subject pronouns.

1. ___ tenho vinte anos.
2. ___ são corajosos.
3. ___ és alto e moreno.
4. ___ temos muitos amigos.
5. ___ são simpáticas.

70 *Escreve frases usando a forma correcta do verbo* **ter**. Make sentences using the correct form of *ter*.

1. Tu e eu / amigos fantásticos.
2. A professora / alunos inteligentes.
3. Eu / uma amiga portuguesa simpática e estudiosa.
4. Vocês / amigos divertidos.
5. Ele / cabelo preto

71 *Completa o seguinte parágrafo com o verbo* **ter**. Complete the paragraph with the verb *ter*:

Eu _____ quinze anos, mas a minha amiga _____ dezasseis anos. O Carlos, aluno de português, é mais novo. Ele _____ catorze anos. A minha professora de História é jovem; _____ trinta anos. E tu, que idade _____?

72 *Completa com o artigo definido.* Fill in the blank with the definite article.

1. ___ carteira   2. ___ relógios   3. ___ professor   4. ___ dia   5. ___ esplanadas

73 *Completa com o artigo indefinido.* Fill in the blank with the indefinite article.

1. ___ mês   2. ___ livros   3. ___ mapa   4. ___ escola   5. ___ réguas

74 *Muda as frases para o plural.* Change the sentences to the plural.

1. Este aluno tem o corrector.
2. O senhor tem um cão grande.
3. Eu tenho papel na mochila.
4. A escola tem um computador.
5. O professor é alto e loiro.
6. Esse animal não é feroz.
7. Aquele rapaz é português.
8. Essa rapariga tem o livro azul.
9. Essa lição é fácil.
10. O menu é pequeno.

75 *Preenche os espaços com a forma correcta do verbo* **ter**. Fill in the blank with the correct form of *ter*.

1. Nós _____ uma caneta azul.
2. A Luísa _____ um vestido vermelho.
3. Eu _____ um dólar.
4. Tu _____ a borracha.
5. Tu e eu _____ muitos livros.
6. O senhor _____ um rádio.
7. Vós _____ uma família muito grande.
8. Os rapazes _____ os cadernos.
9. Elas não _____ uma máquina fotográfica.
10. Você _____ chocolates.

Cultura ~

LET'S VISIT PORTO

The Douro River

Olá! Climb on the bus as we head north from Lisbon to the region of Douro, which means "Golden." Along the way, you will see all the colors of Portugal come together—from the thousands of terraced vineyards that climb the mountainside, to the burgundy rooftops of homes in the old city. Our first stop will be Porto (Oporto in English), the thriving capital of the region, and Portugal's second largest city. Porto not only gave its name to port wine, the famous spirits that are created here, but to the country itself. The word comes from the old Roman settlement of *Portus Calle*—which later became known as Portugal.

To visit the section of Vila Nova de Gaia where the port industry is located, we will cross the Douro River on *Ponte D. Luís,* the city's landmark bridge, which was built by a disciple

"Ponte D. Luís" stretches from Porto into Vila Nova de Gaia.

Pass through the "Jardim da Cordoaria," near the center of town, and be enlivened by rows of trees, beds of flora, and a series of sculptures by Portuguese artists.

celebrating in the city streets! There will be singing, dancing, food and drinks. We can stop in one of the food tents and sample the *sardinhas com pão de milho*, a traditional plate of sardines served with corn bread and red wine.

We'll have to remember to buy one of those squeaky plastic hammers to take part in the fun of hitting our friends over the head. It's part of the tradition and done just for fun. Years ago they used to use giant garlic ropes, but the plastic hammers have replaced the garlic—thank goodness!

After the festival, there will be time to sit around the many bonfires that line the city and watch the spectacular display of fireworks. Many will be watching the fireworks from the Espinho Casino as they enjoy dinner and an international show. Others will be trying their luck in the casino game rooms.

of Robert Eiffel and completed in 1866. Here, on the left bank, we see streets lined with lodges called "armazéns" where the port wine is blended, aged and made ready to ship to all corners of the world. Painted on the red rooftops of these lodges are names of some of the famous vintners such as Barros, Borges, Ferreira, Taylor and Sandman.

As we leave Vila Nova de Gaia, we cross over the Arrábida Bridge, which is one of the largest single span reinforced concrete arches in Europe. Returning to Porto, we'll first visit *Sé Catedral,* the Porto Cathedral, built in the twelfth century in the time of D. Hugo, the city's first bishop. The great bell towers, fortified with powerful buttresses, reflect the city's long history of fighting military aggression.

Crossing *Avenida de Vimara Peres* we are close to *Igreja de Santa Clara* and can see some of the city's old Fernandine Wall—a second line of defense completed in the reign of D. Fernando in the fourteenth century. The church itself is magnificent. Dating back to the fifteenth century, its walls are lined with finely carved and gilded woodwork, a signature feature of Portuguese decorative art.

Within the ancient walls of the old city are many architectural wonders as well as arts and culture venues, shopping areas, boutiques and restaurants.

On June 23rd the famous celebration of São João will begin. What a party it will be with everyone

"Sé Catedral." The Cathedral of Porto is a Romanesque structure built in the 12th and 13th centuries.

Vineyard in Douro, as seen from the passing train.

In 1998, Porto was chosen to be the European "Capital of Culture 2001," together with Rotterdam, recognizing the many events hosted here, and the array of spectacular historic wonders to feast the eyes.

Tomorrow, we will go down to the train depot, leave Porto and head north to the Minho district, where we will visit Braga. A quiet day will take us through the small towns of this area, including Matosinhos. If the weather permits, we can stop at one of its nearby beaches before heading up to the city of Braga.

"Rua de Santa Catarina" (left) is Porto's famous pedestrian shopping district. The storefronts resemble those of a folk village of northern Portugal and are mixed in with quality restaurants and boutiques that feature designer clothes from Portugal, France, Italy, and Spain.

Commerce and hard work, culture and entertainment are always active along the Douro River and the streets of the old city.

VOCABULÁRIO

alto	tall	*gordo/a*	fat
aluna (a)	student (female)	*grande*	big
aluno (o)	student (male)	*hoje*	today
amiga (a)	friend (female)	*honesto/a*	honest
amigo (o)	friend (male)	*horrível*	horrible
antipático/a	unpleasant	*interessante*	interesting
aquele	that there	*inteligente*	intelligent
aula (a)	class	*loiro/a*	blond
atraente	attractive	*magro/a*	thin
azul	blue	*menino (o)*	boy
baixo/a	short	*menina (a)*	girl
bom	good	*moreno/a*	dark complexion
bonito/a	pretty / handsome	*novo/a*	new
cabelo branco	white hair	*paciente*	patient
cabelo castanho	brown hair	*pequeno/a*	small
cabelo preto	black hair	*perigoso/a*	dangerous
carro (o)	car	*popular*	popular
corajoso/a	courageous	*preguiçoso/a*	lazy
desonesto/a	dishonest	*professor (o)*	teacher (male)
difícil	difficult	*professora (a)*	teacher (female)
divertido/a	happy / funny	*rapariga (a)*	girl
escola secundária (a)	high school	*rapaz (o)*	boy
esse	that	*ruivo/a*	red hair
este	this	*sala de aula (a)*	classroom
estudioso/a	studious	*ser*	to be
estudante (o/a)	student (male/female)	*sério/a*	serious
fácil	easy	*simpático/a*	friendly / pleasant
fantástico/a	fantastic	*sincero/a*	sincere
feio/a	ugly	*ter*	to have
gata (a)	cat (female)	*tímido/a*	timid
gato (o)	cat (male)	*universidade (a)*	university
giro/a	cute	*velho/a*	old

EXPRESSÕES

Quem é?	Who is it?	*Faço ____ anos.*	I'll be ____ years old.
De onde sou?	Where am I from?	*Que idade tens?*	How old are you?
Como é?	How is?	*Quantos anos tens?*	How old are you?
Qual é a tua nacionalidade?	What is your nationality?	*Quantos anos fazes?*	How old are you going to be?
Quando fazes anos?	When is your birthday?		

PROFICIENCY ACTIVITIES

1 In addition to the descriptive words you have already learned, can you determine what the words below mean? Learn to pronounce them.

importante	necessário	generoso	romântico	sentimental
decente	indecente	dinâmico	nervoso	violento
impulsivo	cruel	famoso	religioso	diplomático
social	sincero	enorme	preocupado	furioso

2 Use three adjectives that can describe the following people.

a. your best friend
b. your brother/sister
c. your math teacher
d. your grandmother
e. the president
f. your grandfather
g. your parents
h. Santa Claus
i. Michael Jordan

3 Pretend that you are trying to describe some of your friends to a new student who has just entered the Portuguese class. The student asks you to help her remember the names of the students by associating the name with a characteristic.

She asks: *Quem é interessante?*   You answer: *(Student's name) é interessante.*

Try to describe at least ten students in the class with a characteristic chosen from the words above or the descriptive adjectives you already know.

4 Ten students in class will become the persons below. Go to each one and ask them who they are and how they are doing. Use the correct subject pronoun when you address them.

Model: *O director:* Bom dia, Sr. Nunes. Como está o senhor?

1. a D. Hillary Clinton
2. o Sr. Câmara
3. Luís Figo
4. uma secretária
5 uma boa amiga
6. a tua mãe (your mother)
7. uma colega
8. um polícia
9. um actor
10. a Manuela

Igreja da Trindade, Porto

Igreja dos Terceiros do Carmo, Porto

Câmara Municipal do Porto

Capela das Almas	*Sé Catedral, rear view*	*Street along Fernandine Wall*	*Renovated apartment building*

Porto is an ancient city of restoration and revitalization; of quiet streets and resplendent architecture. Many of the buildings have survived several centuries of war and conquest, protected by a Wall that surrounds the old city. The first layout of the Wall was constructed during the Roman period and was reconstructed in the 12th century. The second layout dates from the 14th century.

5 Begin an "Eu Sou" booklet with this chapter that you will continue to add to throughout the year. You may bring in photos or use a computer program to create pictures. In the booklet tell who you are, what you like and dislike, who your friends are, and what are some of their characteristics. As each chapter develops you will be able to add more to your booklet, such as: your class schedule, activities you enjoy doing, your family tree, things to do now, and what you wish to do in the future.

6 Refer to the collage of all your friends you made in the last unit. Add information about their ages and personalities. Use both affirmative and negative sentences when describing them.

7 In two minutes, you want to know all that you can about the new student coming into your school. Your best friend has all the information. Quickly ask your friend five questions about the new student. Then, share what you have learned with the rest of the class. Be sure to get some of the following information:

What is his/her name?   Who are his/her friends?
Where is he/she from?   What type of student is he/she?
Is he/she tall, short, blonde, brunette etc.?   What are his/her classes like?
Is he/she nice, interesting, funny etc.?

8 Each student will prepare a short autobiography that will become a video presentation for the class. Pretend that you are marketing yourself for acceptance into a college and you want to give the admissions officer as much information as possible. Include the following:

greeting   what you have to offer the college
your name   what grades you have
your age   two adjectives that describe what you are not
all your best characteristics

9 In groups of four, make a list of words that uses the article *o*, and another list that uses the article *a*. You will have two minutes. You may not use proper names. After two minutes, one person from each team will go to the board and write each word. The team with the greatest number of correct words wins.

10 Using the words on the board from the above activity, make each word plural. You may want to review your rules for plurals before you begin. You will have two minutes to complete this activity. Then a student from each team will go to the board and write the plural forms. The teams with all the correct answers win.

11   Take the role of a famous actor. Go around the room and introduce yourself to as many classmates as possible and tell them five of your most important qualities. After three minutes, everyone is to sit down. One by one, each person stands and gives his/her famous name. Students who remember your most important qualities raise their hands and tell you about your qualities. Continue to call on students until someone gets all five qualities.

12   Write a postcard to a pen pal in a Portuguese-speaking country. Tell your pen pal your name, and where you are from. Give a description of yourself telling him/her what you are like. Also ask him/her five questions you want to know about him/herself.

13   You are the new registrar for the school system. Make out a form that gives information on each student. Include their name, address, age, physical description, place of birth, name and address of parents, and telephone number of someone who can be reached in case of emergency. Have students in your group fill out your information card. The information does not have to be true.

The Baroque church, "Igreja dos Clérigos," was built by the Italian architect, Nicolau Nasoni. The elegant tower, the highest in Portugal at 230 feet, has become the landmark of the city of Porto.

"Igreja de São Ildefonso." Porto's many churches exhibit a wide array of architectural styles—from Gothic, Baroque, Renaissance and Neoclassical, to Romanesque, Arabesque and Victorian. They reflect the city's long history of interaction with the world.

ESCOLA SECUNDARIA
MARQUES DE POMBAL

Objectives

- ✈ Discuss school and courses of study

- ✈ Engage in conversation expressing school activities

- ✈ Inquire about and express likes and dislikes

- ✈ Express time

- ✈ Ask and reply about daily activities

- ✈ Express how to arrive somewhere

- ✈ Express recently completed actions

- ✈ Use time and schedules in everyday activities

UNIDADE 2

Na Escola

Leitura

O Daniel é estudante numa escola secundária de Braga. Ele chega à escola de carro entre as sete e as sete e trinta da manhã. A primeira aula do Daniel é no ginásio. Ele tem Educação Física às oito e quinze. O Daniel é um rapaz alto, forte e muito giro. Ele é bom aluno e tem muitos amigos.

A Cátia é uma menina muito simpática e é excelente aluna. Ela é estudante numa escola secundária de Barcelos. Ela chega à escola de autocarro às oito e quinze. A primeira aula é na sala de informática. Ela estuda Informática. Depois das aulas, ela trabalha num café, por isso, chega a casa já tarde. Ela estuda todos os dias das oito às dez horas da noite.

As raparigas conversam à porta da escola.

ACTIVIDADE

1 *Responde às perguntas.* Answer the questions.

1. A que horas chega o Daniel à escola?
2. Como é que o Daniel chega à escola?
3. Como é o Daniel?
4. Onde é a primeira aula do Daniel?
5. Ele tem amigos?
6. Como é a Cátia?
7. A que horas chega ela à escola?
8. A Cátia trabalha depois da escola?
9. Quando é que ela estuda?
10. Como chega a Cátia à escola?
11. Qual é a primeira aula da Cátia?
12. Onde trabalha ela?
13. A que horas começa a primeira aula?

VOCABULÁRIO

entre	between
já	already
por isso	therefore / that is why
primeira	first

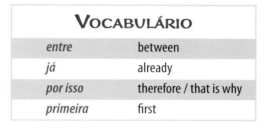

O Sr. Doutor Tomás ensina Física na Universidade de Évora.

Vocabulário

A Escola ~ The School

Uma escola básica em São Miguel, Açores

Universidade de Évora

a biblioteca

a sala de música

a sala de informática

o auditório

a sala de aula

a casa de banho / o lavabo

a piscina

a cantina / o refeitório

o laboratório

o ginásio

Actividades

2 *Lê o texto e responde às perguntas.* Read the text and answer the questions.

    O Bruno é estudante numa escola secundária de Coimbra. Ele é alto, loiro e magro. Ele é simpático e inteligente. A escola do Bruno tem uma biblioteca muito grande. Ele gosta muito de estudar lá. Também tem uma piscina onde o Bruno nada quando tem ginástica. No laboratório ele estuda Biologia. Ele tem Música na sala de música. O que o Bruno mais gosta é da sala de informática, porque ele lá comunica pela internet com outros alunos de outras escolas.

    O Bruno é muito bom estudante e tem muitos amigos. Almoça sempre no refeitório com os amigos e depois tem a aula de Teatro no auditório. O Bruno pratica desporto depois da escola. Ele é bom atleta.

1. Onde esuda o Bruno?
2. Como é o Bruno?
3. Como é a biblioteca da escola do Bruno?
4. Onde é que o Bruno gosta de estudar?
5. Onde é que o Bruno nada?
6. Onde é que ele tem Biologia?
7. O que tem ele na sala de música?
8. O que prefere o Bruno? Porquê?
9. Onde é que ele almoça?
10. Com quem almoça o Bruno?
11. O que tem o Bruno depois do almoço?
12. O que é que ele pratica depois da escola?

Mais Vocabulário	
atleta	athlete
depois	after
porque	because
porque?	why
outro	other
com	with

3 *Escreve um parágrafo sobre a tua escola.* Write a paragraph about your school.

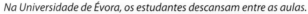

Na Universidade de Évora, os estudantes descansam entre as aulas.

sala de aula

O António estuda Geografia de Portugal na aula de Português.

cantina

A Rita almoça na cantina com as amigas.

sala de informática

Este site é muito interessante. Ela usa o site **www.sapo.pt**.

ginásio

A Maria tem Educação Física no ginásio à quarta-feira.

ACTIVIDADE

A Elizabete gosta mais de nadar na piscina do que na praia.

4 *Responde às perguntas.*   Answer the questions.

piscina

1. Onde é que a Rita almoça?
2. Quem é que tem ginástica?
3. O que estuda o António?
4. Quem nada?
5. Como é o site da internet?
6. Onde nada a Elizabete?
7. Quando é que a Maria tem Educação Física?

MAIS VOCABULÁRIO

Centro de recursos	resource center
Departamento de Indústria e Tecnologia	industrial and technology department
gabinetes	offices
Sala dos professores	faculty room

Estrutura

I. Verbos regulares ~ *Regular verbs*

A verb is a word that expresses an action or a state of being. In Portuguese there are three conjugations of verbs:

1. Verbs whose infinitive end in *ar* (*falar, comprar,* etc.) belong to the first conjugation.
2. Verbs ending in *er* (*comer, beber,* etc.) belong to the second conjugation.
3. Verbs ending in *ir* (*partir, dividir,* etc.) belong to the third conjugation.

II. Presente do Indicativo dos verbos que terminam em *-ar* ~ *Present Tense of -ar verbs*

All regular verbs that end in *ar* follow the same conjugation. To form the Present Tense:

⇨ Take the infinitive of a verb.
⇨ Drop the *ar* (the stem remains).
⇨ Add the appropriate ending for each subject pronoun.

Este professor não fala.

Singular of the verb Falar

	Stem	Ending	Present Tense
eu	fal-	-o	falo
tu	fal-	-as	falas
você o senhor / a senhora ele / ela }	fal-	-a	fala

VOCABULÁRIO
-ar Verbs

acabar	to finish	*falar*	to speak
almoçar	to have lunch	*jogar*	to play sports or games
apanhar	to get	*morar*	to live
brincar	to play	*olhar (para)*	to look (at)
chegar	to arrive	*sonhar*	to dream
começar	to begin	*telefonar*	to telephone
comprar	to buy	*tirar*	to take (notes)
dançar	to dance	*tocar*	to play an instrument
desenhar	to draw	*tomar*	to take / to drink
ensinar	to teach	*trabalhar*	to work
entrar	to enter	*usar*	to use
estudar	to study	*visitar*	to visit

O Paulo estuda Português.

A senhora* professora ensina Português.

A Maria tira apontamentos.

O Miguel olha para o quadro.

ACTIVIDADES

5 *Responde às perguntas com frases completas.* Answer the questions in complete sentences.

1. O que estuda o Paulo?
2. Quem olha para o quadro?
3. Quem tira apontamentos?
4. Quem ensina Português?

6 *Preenche com a forma correcta do verbo entre parênteses.* Fill in with the correct form of the verb in parentheses.

1. O Carlos _____ Francês. (estudar)
2. O aluno _____ boas notas no exame. (apanhar)
3. Eu _____ com o professor. (falar)
4. A senhora _____ no refeitório. (almoçar)
5. Você _____ à escola às 8:00. (chegar)
6. O Prof. Martins _____ Português. (ensinar)
7. Ele _____ para o quadro. (olhar)
8. Eu _____ na sala de aula. (entrar)
9. Tu _____ o teste. (acabar)
10. Ela _____ ser actriz de cinema. (sonhar)

Showing Respect

It is customary to use "senhor/a" before a professional title to show respect.

A professora olha para o trabalho dos alunos.

7 *Completa as frases com a forma correcta dos verbos da lista à direita.* Complete the sentences with the correct conjugation of the appropriate verb from the list.

Exemplo: O Luís _____ na aula. (sonhar) ***O Luís sonha na aula.***

1. O aluno _____ muito na biblioteca.
2. Eu _____ com os alunos na sala de informática.
3. O professor _____ inglês.
4. Você _____ na cantina da escola.
5. O Roberto _____ voleibol no ginásio.
6. Tu _____ violino na sala de música.
7. Eu _____ a carteira do Pedro na sala de português.
8. Você _____ muito bem na sala de arte.
9. O Bruno _____ à amiga hoje.
10. O Sr. Castro _____ no refeitório.

usar
desenhar
telefonar
trabalhar
almoçar
estudar
tocar
falar
ensinar
jogar

III. *Gostar de* ~ To like

Gostar de means to like. This verb is followed by the preposition *de*, and often, immediately by another verb.

Example: Ele *gosta de* nadar.

When you use *gostar de* in a question, *de* comes at the beginning of the sentence.

Example: *De que gosta* o António? Ele *gosta de* nadar.

Generally, in Portuguese the first verb is conjugated and the second verb remains in the infinitive.

Example: Eu gosto de estudar português.

O Ronaldo gosta de jogar futebol.

A Rosa gosta de telefonar aos amigos.

ACTIVIDADES

8 *Responde às perguntas sobre as fotografias apresentadas.* Answer the questions about the photographs.

1. Quem gosta de patinar?
2. De que gosta a Rosa?
3. De que gosta o Ronaldo?
4. Quem gosta de nadar?
5. O Roberto gosta de tocar acordeão?
6. De que gosta a Elizabete ?
7. Quem gosta de dançar?

Eu gosto de dançar!

O Roberto gosta de tocar acordeão enquanto o Rafael dança.

A Júlia gosta de patinar.

A Elizabete gosta de nadar.

9 *Muda as frases da **Actividade 7** para indicar o que gostam de fazer. Segue o exemplo.* Change the sentences from **Activity 7** to indicate what the individuals like to do.

Exemplo: O Luís _____ na aula. (sonhar)
   O Luís sonha na aula.   O Luís gosta de sonhar na aula.

10 *Escreve uma lista de actividades que gostas de fazer.* Write a list of activities you like to do.

Exemplo: Eu gosto de visitar museus.

11 *Verifica se o teu colega tem os mesmos interesses.* Verify if your partner has the same interests.

Exemplo: *Tu gostas de visitar museus?*

IV. A contracção da preposição *de* com o artigo definido ~ *Contraction of the preposition* de *with the definite article*

Gostar de may also be followed by a noun, in which case the preposition *de* will contract with articles that come before the noun.

A senhora gosta do livro.

de + o = **do**   de + os = **dos**   de + a = **da**   de + as = **das**

Example: O aluno *gosta de + a* aula de português.   O aluno *gosta da* aula de Português.

ACTIVIDADE

 12 *Completa com a forma correcta do verbo* **gostar de**. *Não te esqueças das contracções.* Complete with the correct form of the verb *gostar de*. Don't forget the contractions.

1. Ela _____ (os) amigos.
2. Eu ___ (a) esplanada.
3. Tu _____ (o) Benfica
4. O senhor ___ (a) sandes mista.
5. Ele _____ (as) professoras.
6. Ela _____ (a) comida portuguesa.
7. Você ___ (o) sumo de maracujá.
8. O estudante não ___ (os) exames.

V. A contracção da preposição *em* com os artigos ~ *Contraction of the prepositon* em *with articles*

The preposition *em* contracts with definite and indefinite articles.

em + o = **no**   em + a = **na**   em + um = **num**   em + uma = **numa**
em + os = **nos**   em + as = **nas**   em + uns = **nuns**   em + umas = **numas**

Example: Ele mora *em + uma* casa grande.   Ele mora *numa* casa grande.

Ela estuda num colégio.

A Marina estuda no quarto.

O Mário estuda na sala de aula.

ACTIVIDADE

13 *Completa as frases usando a contracção da preposição* **em** *com os artigos definidos e indefinidos.* Complete the sentences with the contractions of *em* and the definite and indefinite articles.

Exemplo: Eu tenho dois livros_____(a) mochila.   *Eu tenho dois livros na mochila.*

1. O João trabalha _____ (uma) esplanada.
2. Você joga futebol _____ (o) ginásio.
3. Eu estudo _____ (a) biblioteca.
4. Ele mora _____ (uma) cidade bonita.
5. O professor ensina ___ (uma) escola secundária.
6. A aula de Biologia é _____ (o) laboratório.

VI. Acabar de ~ *Just finished*

Acabar de may be used to express what you have just done. Use the present tense of the verb *acabar + de + infinitive of another verb.*

> **Example:** O estudante *acaba de tirar* apontamentos.

O leiteiro e o cão acabam de levar leite aos clientes.

ACTIVIDADES

14 *Completa as frases com a forma correcta do verbo* **acabar de.** *Complete the sentences with the correct form of the verb* **acabar de.**

1. A rapariga _____ falar com a professora.
2. A aluna ____ tirar apontamentos na aula.
3. Você _____ usar o computador.
4. Eu _____ entrar na aula.
5. A senhora _____ entrar no gabinete.
6. O aluno _____ estudar para a prova.
7. Ela _____ desenhar.
8. Tu _____ chegar à aula.
9. A Lisa _____ nadar na piscina.
10. Tu _____ almoçar no refeitório.

15 *Escreve cinco frases indicando actividades que acabas de fazer.* Write five sentences about activities that you have just finished.

The verb acabar (when not followed by de) means to finish.

Example: Eu acabo o exame de Português.

O António acaba de chegar do seu passeio.

Nas Furnas, o António acaba de cozinhar o jantar para a sua família.

Que horas são?

É uma hora

É meia-noite (midnight)
É meio-dia (noon)

É meio-dia e dez

São cinco e meia
São cinco e trinta

É meia-noite e meia (half past midnight)

São dez e um quarto
São dez e quinze

São três e vinte e cinco

São dez horas em ponto

São onze e meia

São quatro menos quinze
São quatro menos um quarto
São quinze para as quatro
É um quarto para as quatro

VII. Que horas são? ~ *What time is it?*

Ana: *Que horas são?*   Paulo: *Que horas são?*
Carla: *É uma e um quarto.*   José: *São oito horas.*
Ana: *Obrigada.*   Paulo: *Obrigado.*

São dez e meia.

VIII. Expressão da hora ~ *Expressions with time*

To indicate AM and PM in Portuguese, use the following expressions:

da manhã	in the morning, (AM)	**Example:** 10:00 AM ~ São dez *da manhã*.
da tarde	in the afternoon, (PM)	**Example:** 4:00 PM ~ São quatro *da tarde*.
da noite	at night, (PM)	**Example:** 11:00 PM ~ São onze *da noite*.

To indicate time, use the verb *ser*:

é	with one o'clock	**Example:** 1:00 PM ~ *É uma hora da tarde.*
é	with midnight	**Example:** 12:00 AM ~ *É meia-noite.*
é	with noontime	**Example:** 12:00 PM ~ *É meio-dia.*
é	with a quarter to the hour	**Example:** 3:45 PM ~ *É um quarto para as quatro da tarde.*
são	with all other times.	**Examples:** *São sete horas. São sete em ponto.*

The 24-hour system is used in Portugal to tell the time of scheduled events.

Examples: *O concerto é às vinte horas.*
The concert is at 8:00pm.

A aula de Português é às treze horas.
The Portuguese class is at 1:00PM.

O comboio parte de Tomar às 07:20.

MAIS VOCABULÁRIO

em ponto	on the dot
meia hora	half an hour
menos	minus
para a uma	to one
para as duas	to two
para o meio-dia	to noon
um quarto	a quarter (of an hour)

Actividades

16 *Escreve por extenso as horas.* Write out the following times:

1. 7:15 AM
2. 8:30 PM
3. 10:10 AM
4. 2:45 PM
5. 11:35 PM
6. 4:20 AM
7. 9:50 AM
8. 5:00 AM
9. 1:05 AM
10. 3:40 PM

17 *Pergunta ao teu colega "Que horas são?" usando as horas abaixo indicadas.* Using the times below, ask your partner "What time is it?"

1. 3:24 AM
2. 8:45 AM
3. 7:00 PM
4. 2:15 AM
5. 6:45 AM
6. 11:30 PM
7. 1:40 PM
8. 10:20 PM
9. 4:05 AM
10. 10:00 PM
11. 12:00 (noon)
12. 12:25 (midnight)

Os sinos da igreja tocam às sete horas.

IX. A que horas é...? ~ *At what time is...?*

A que horas é a aula de Inglês? A aula de Inglês é às sete e meia.

X. Usando *à, às, ao* na expressão da hora ~ *Using à, às, ao with time*

⇨ Use *à* before the following expressions of time:

à uma hora, *à* uma e meia, *à* meia-noite e dez, *à* meia-noite

Example: O concerto é *à* uma da tarde.

⇨ Use *às* before plural expressions.

às duas e meia, *às* nove e dez

Example: O filme é *às* cinco e meia da tarde.

⇨ Use *ao* before the expression for noon time.

ao meio-dia, *ao* meio-dia e meia

Example: O almoço é *ao* meio-dia e um quarto.

ACTIVIDADES

18 *Responde à pergunta:* **A que horas é ___?** Answer the question: *A que horas é ___?*

1. a entrevista (2:30 AM)
2. o jogo de futebol (5:10 PM)
3. o almoço (12:00 noon)
4. o concerto (8:10 PM)
5. o filme (1:25 PM)
6. o jantar (7:20 PM)
7. a aula de Informática (10:30 AM)
8. a consulta médica (3:40 PM)

19 *O Carlos pergunta à Carina quando se realiza o concerto. Seguindo o exemplo, pergunta a um colega quando se realizam os seguintes acontecimentos.* Carlos asks Carina when the concert is. Following the example, ask a friend when the following activities are going to take place.

Examplo: Concerto, 19:30PM, CENTRO CULTURAL DE BELÉM

> Carlos: *Olá, Carina!*
> Carina: *Olá, Carlos. Como estás?*
> Carlos: *Estou bem. Carina, a que horas é o concerto?*
> Carina: *É às sete e meia da noite.*
> Carlos: *E onde é?*
> Carina: *É no Centro Cultural de Belém.*

1. Espectáculo dos Delfins, 21:00, TEATRO MICAELENSE
2. Jantar, 20:30, RESTAURANTE CRUZEIRO
3. Casamento, 11:30, IGREJA DE S. PEDRO
4. Jogo de futebol, 10:15, ESTÁDIO DA LUZ
5. Consulta médica, 15:00, HOSPITAL DE S. JOSÉ

20 *Responde às perguntas de acordo com o horário.* Answer the questions according to the schedule.

1. No dia 6 de Setembro, a que horas é o Desfile da Orquestra Filarmónica?
2. No dia 7 de Setembro, a que horas é a Abertura?
3. No dia 8 de Setembro, a que horas é o Festival Pop/Rock?
4. No dia 9 de Setembro, a que horas é o Concurso Quebra-Cabeças?
5. No dia 9 de Setembro, a que horas é o Espectáculo de Variedades?

SETEMBRO

DIA	6:00	6:30	7:00	7:30	8:00	8:30	9:00
cinco	Abertura	Praça da Alegria	Noticiário	Fados	Desfile da Orquestra Filarmónica		filme
seis	Abertura	Documentário	Desfile da Orquestra Filarmónica		Noticiário	filme	
sete	Abertura	Festival Pop	Desfile da Orquestra Filarmónica				filme
oito	Abertura	Fados	Praça da Alegria	Noticiário	Telenovela	Festival Pop/Rock	
nove	Abertura	Documentário	filme	Espectáculo de Variedades		Concurso Quebra-Cabeças	
dez			Fados				

XI. O verbo *chegar* ~ *The verb* chegar

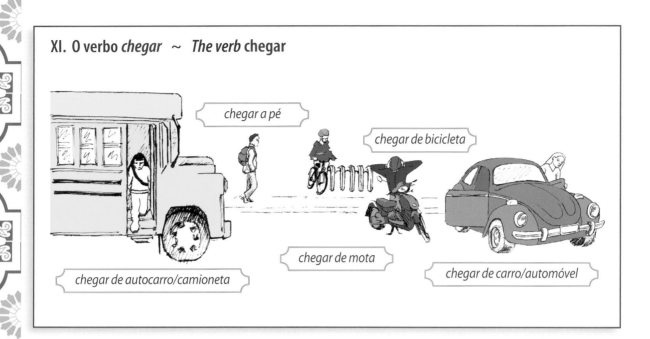

chegar a pé

chegar de bicicleta

chegar de mota

chegar de autocarro/camioneta

chegar de carro/automóvel

MAIS VOCABULÁRIO

cedo	early
tarde	late

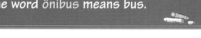

Ele chega de mota ao café.

ACTIVIDADES

21 *Forma frases indicando como chegam as pessoas aos seguintes lugares.* Form sentences indicating how the following people arrive at the given locations.

> **Exemplo:** Eu / ao concerto / táxi
> ***Eu chego ao concerto de táxi.***

1. A professora / à escola / mota
2. O Luís / à biblioteca / bicicleta
3. Tu / ao ginásio / pé
4. Ela / ao cinema / automóvel
5. Você / à esplanada / camioneta
6. Eu / ao hotel / autocarro

22 *Lê os parágrafos e responde às perguntas com frases completas.* Read the paragraphs and answer with complete sentences.

> *Eu chamo-me Manuela. Moro em Providence. Chego à escola de carro às 7:30 da manhã. Estudo Português, e hoje às 8:20 da manhã tenho um teste de Português. A aula de Português é muito divertida. A minha professora chama-se D. Teresa Viana. Ela é fantástica.*
>
> *Eu chamo-me Paulo. Moro em Boston. Chego à escola de autocarro às 7:15 da manhã. Estudo Português, Inglês, Matemática e Biologia. O Sr. Fernando Martins é o meu professor de Português. Ele é muito bom professor. A aula é muito interessante.*

1. Onde mora a Manuela?
2. Como é que a Manuela chega à escola?
3. A que horas chega ela à escola?
4. Como é a aula de Português da Manuela?
5. Como se chama a professora da Manuela?
6. Onde mora o Paulo?
7. Como é que o Paulo chega à escola?
8. Que disciplinas estuda o Paulo?
9. Quem é o Sr. Fernando Martins?
10. E tu, que disciplinas estudas?

23 *Lê o diálogo e responde com frases completas.* Read the dialogue. Answer with complete sentences.

Teresa: *Olá, Miguel!*
Miguel: *Bom dia, Teresa.*
Teresa: *A que horas chegas à escola?*
Miguel: *Chego às 7:30. E tu?*
Teresa: *Eu chego às 7:40.*
Miguel: *Como chegas à escola?*
Teresa: *Eu chego de autocarro. E tu?*
Miguel: *Eu chego de mota.*
Teresa: *A que horas é a aula de Português?*
Miguel: *A aula de Português é às 8:00.*

1. A que horas chega o Miguel à escola?
2. A que horas chega a Teresa à escola?
3. A que horas é a aula de Português?
4. Como é que ela chega à escola?
5. Como é que ele chega à escola?

Os estudantes chegam à Escola Secundária da Lagoa a pé.

24 *Diz como chegas à escola, a que horas chegas e a que horas é a primeira aula.* Tell how you come to school, what time you arrive, and what time your first class is.

25 *Pergunta ao teu colega a que horas ele/ela chega à escola, como chega e a que horas é a primeira aula.* Ask your partner how he/she comes to school, what time he/she arrives, and what time is his/her first class.

26 *Responde com frases completas na forma afirmativa ou na forma negativa, segundo a indicação dada.* Answer in complete sentences using the affirmative or negative form according to the given clues.

1. Tu chegas à escola às 7:30? (sim)
2. Tu olhas para o quadro? (sim)
3. O Luís estuda para o exame? (sim)
4. Eu falo com a Maria? (não)
5. A professora ensina Biologia? (não)
6. A Cristina chega à escola às 8:00? (não)
7. O professor fala com o Pedro? (sim)
8. Ele estuda para o exame? (não)

Ele chega à Universidade de Évora às 8:00.

Os alunos esperam pelo autocarro em Ponta Delgada.

VOCABULÁRIO
Disciplinas ~ Subjects

HISTÓRIA ~ HISTORY		CIÊNCIAS ~ SCIENCES	
História Universal	World History	*Biologia*	Biology
História de Portugal	History of Portugal	*Química*	Chemistry
		Ciências Naturais	Natural Sciences

MATEMÁTICA ~ MATHEMATICS		OUTRAS DISCIPLINAS ~ OTHER SUBJECTS	
Matemática Básica	Basic Math	*Educação Física*	Physical Education
Álgebra	Algebra	*Saúde*	Health
Geometria	Geometry	*Arte*	Art
Trigonometria	Trigonometry	*Música*	Music

LÍNGUAS ~ LANGUAGES		GESTÃO ~ BUSINESS	
Inglês	English	*Dactilografia*	Typing
Português	Portuguese	*Contabilidade*	Accounting
Francês	French	*Economia*	Economy
Alemão	German	*Informática*	Computers
Espanhol	Spanish		
Latim	Latin		

Na aula de Educação Física eles jogam futebol.

O Horário do João

	Segunda-feira	Terça-feira	Quarta-feira	Quinta-feira	Sexta-feira
8:00–8:50	Arte	Português	História	Matemática	Inglês
9:00–9:50	Matemática	Música	Biologia	Música	Biologia
10:00–10:50	Português	História	Português	Biologia	Música
11:00–11:50	Biologia	Matemática	Inglês	História	Português
12:00–1:00	ALMOÇO				
1:00–1:50	Inglês	Biologia	Matemática	Português	História
2:00–2:50	Ed. Física	Inglês	Arte	Inglês	Arte
3:00–3:50	História	Arte			

ACTIVIDADES

27 *Escreve o teu horário, segundo o modelo.* Write your schedule according to the model.

28 *Troca o teu horário com um colega e faz perguntas.* Exchange your schedule with your partner and ask questions.

Exemplo: A que horas tens Matemática à terça-feira?
À terça-feira tenho Matemática à uma hora da tarde.

29 *Responde.* Answer.

1. Tu tens Espanhol ou Português?
2. Tu estudas numa escola primária ou secundária?
3. A tua sala de aula de português é grande ou pequena?
4. Tu tens Álgebra ou Geometria?
5. História é fácil ou difícil?
6. A sala de aula de ciências é grande ou pequena?
7. Como é a aula de Educação Física?
8. Tu és bom aluno ou mau aluno em Inglês?
9. Tu és bom ou mau aluno em Português?
10. Tu tens Biologia ou Ciências Naturais?

As amigas falam dos seus horários.

30 *Concorda ou discorda.* Agree or disagree.

Exemplo: Educação Física / aborrecida (boring)
Estudante 1: *A aula de Educação Física é aborrecida?*
Estudante 2: *Não, não é aborrecida, é muito interessante.* Ou: *Sim, é aborrecida.*

1. Português / fácil
2. Informática / divertida
3. História / difícil
4. Arte / interessante
5. Álgebra / complicada

31 *Usando o horário do teu colega, pergunta como são as aulas e os professores dele/dela.* Using your partner's schedule, ask how he/she likes his/her teachers and classes.

Exemplo: Estudante 1: *Como é o professor de Inglês?*
Estudante 2: *Ele é muito interessante.*
Estudante 1: *E como é a aula de Inglês?*
Estudante 2: *É muito divertida.*

32 *Consulta "O Horário do João" e pergunta a que horas são as seguintes aulas :* Consult John's schedule and ask at what time the following classes are:

Exemplo: A que horas é a aula de Matemática na segunda-feira? *É às nove horas.*

1. A aula de Português/ terça-feira
2. A aula de Música / sexta-feira
3. A aula de História / quinta-feira
4. A aula de Inglês / segunda-feira
5. A aula de Matemática / quarta-feira

33 *Indica a que horas são as seguintes aulas:* Indicate at what time the following classes are:

Exemplo: Biologia - 8:00 *A aula de Biologia é às oito horas.*

1. Álgebra — 8:30AM
2. Português — 11:45AM
3. Arte — 9:30AM
4. Francês — 1:15PM
5. Química — 3:20PM
6. Inglês — 2:00PM
7. Espanhol — 4:30PM
8. História — 10:25AM

Eles têm Informática no laboratório da Universidade de Évora.

XII. Interrogativos ~ *Interrogative words*

Interrogative words are used to form questions.

O que?*	Pedro:	*O que estuda o António?*
	Roberto:	*Ele estuda Português.*
	Pedro:	*O que é que o António estuda?*
	Roberto:	*Ele estuda Português.*

Qual?*	Pedro:	*Qual é o livro de História?*
	Roberto:	*É o livro muito grande.*

Quem?	Pedro:	*Quem estuda para o teste?*
	Roberto:	*O estudante estuda para o teste.*

Quando?	Pedro:	*Quando é que o António chega à escola?*
	Roberto:	*Ele chega às 8:45.*

Quanto?*	Pedro:	*Quanto custa a passagem de autocarro?*
	Roberto:	*Custa € 0,50 .*

Onde?	Pedro:	*Onde é o Funchal?*
	Roberto:	*O Funchal é na Madeira.*

De onde?	Pedro:	*De onde é a Joana?*
	Roberto:	*Ela é de Braga.*

Como?	Pedro:	*Como é o Álvaro?*
	Roberto:	*Ele é alto e loiro.*

Porque?	Pedro:	*Porque estudas Português?*
	Roberto:	*Porque quero aprender a falar uma outra língua.*

Os turistas consultam o mapa da cidade de Alcobaça.

* **É que** added to the interrogative reinforces the question.
   Example: *O que é que estudas na aula de Português?*

** The plural form of **qual** is **quais.**
   Example: *Quais são os alunos da professora D. Maria Vieira?*

*** **Quanto** agrees in gender and number with the noun it precedes.
   Example: *Quantas bicas pagas?*
   Quantos rapazes chegam às 7:30?

Quanto custa o relógio?

Actividades

34 *Responde às perguntas.* Answer the questions.

1. Que disciplinas estudas?
2. Quando é o concerto? (sábado, às oito horas)
3. Como é a tua aula de Inglês?
4. Qual é o professor de Português? (senhor alto)
5. Quanto custa o café? (€ 0,75)
6. Quem é o professor de História? (Sr. Alves)
7. Onde é Lisboa?
8. De onde é o professor de Português? (Braga)

35 *Escreve perguntas para as seguintes respostas, com base nas palavras sublinhadas.* Make up questions to the following answers according to the underlined words.

Exemplo: A Fernanda estuda <u>Álgebra</u>.   ***Que estuda a Fernanda?***

1. O professor de Francês é <u>da França</u>.
2. A Horta é <u>no Faial</u>.
3. O Carlos estuda <u>Português</u>.
4. A bica custa <u>€ 0,75</u>.
5. O senhor professor é <u>muito simpático</u>.
6. O jogo de futebol é <u>na quarta-feira</u>.
7. O Dr. Joaquim é <u>professor</u>.
8. <u>A Filomena</u> estuda para o teste.

36 *Completa as perguntas com um interrogativo.* Complete the questions with an interrogative.

1. _____ é que o Paulo pratica? O Paulo pratica piano.
2. _____ telefonas à Carla? Eu telefono para falar com ela.
3. _____ é o teu relógio? O meu relógio é este aqui.
4. _____ custa a sandes mista? Custa € 2,25.
5. _____ é a Raquel? Ela é de Coimbra.
6. _____ é a aula de Português? A aula de Português é interessante.

Então, tira-me a minha fotografia, ou não?

"Quer alugar quarto?" perguntam as mulheres da Nazaré.

Pronúncia

As Consoantes c, ç ~ *The Consonants* c, ç

⇨ *C* is similar in pronunciation in both Portuguese and English. It is pronounced as the "*c*" in *course*, when followed by the vowels *a, o, u* or by another consonant.

> *A Maria do Carmo canta bem.*
> *A casa do Carlos é castanha.*
> *O colar da Clara é cor de cravo.*
> *Desculpe, o senhor é professor aqui na escola?*
> *O pacto é bom para os dois países.*

⇨ *C* is pronounced as "*s*" in *sea* or the "*c*" in *Cecilia* when it is followed by the vowels *e,* and *i.*

> *A Cecília olha para o céu.*
> *A Sara estuda Ciências.*
> *O professor ensina Francês.*
> *O exame não é fácil.*

⇨ *Ç* (c-cedilla) has the same sound as the "*c*" of *cereal*. The cedilla is only used under the consonant "*c*." It is used when the *c* is followed by *a, o, u.*

> *A Conceição estuda a lição.*
> *É uma maçã muito boa.*
> *Isso é um lenço para a cabeça.*
> *É uma canção sensacional.*
> *O açúcar é doce.*

O almoço é ao meio-dia.

As Vogais Nasais ~ *Nasal Vowels*

The nasal sound is pronounced through the mouth and the nose. In Portuguese a vowel has a nasal sound if:

⇨ The vowel is followed by an *m* or an *n* when it ends the syllable.

> cantar ~ *to sing*   bem ~ *well*
> vinte ~ *twenty*   bom ~ *good*
> mundo ~ *world*

⇨ The vowels *a* or *o* have a **tilde** (˜) *over them.*

> irmã ~ *sister*   irmão ~ *brother*
> põe ~ *put*   limões ~ *lemons*

Os limões estão entre os tomates e os melões.

Recapitulação

37 *Responde às perguntas.* Answer the questions.

1. A que horas é o almoço? *(1:05PM)*
2. A que horas é a aula de Biologia? *(9:15AM)*
3. A que horas é a aula de Inglês? *(8:40PM)*
4. A que horas é o jantar? *(6:00PM)*
5. A que horas é o jogo? *(6:35PM)*
6. A que horas começa a primeira aula? *(8:15AM)*

38 *Que horas são?* What time is it?

1. 8:35PM 3. 6:18PM 5. 9:00PM
2. 2:20AM 4. 12:15PM 6. 7:40AM

A senhora professora ensina História das dez às onze horas.

39 *Pergunta ao teu colega, "Que horas são?" usando as horas abaixo indicadas.* Ask your partner, "What time is it?" using the times below.

1. 4:40AM   3. 3:05PM   5. 11:20AM   7. 6:55AM   9. 12:15AM
2. 12:30PM   4. 2:15PM   6. 1:30PM   8. 10:35PM   10. 7:45PM

40 *Responde às perguntas.* Answer the questions.

1. A que horas chegas à escola?
2. Como chegas à escola?
3. Que aula tens às oito horas?
4. A que horas é o almoço?
5. A que horas é a aula de Português?
6. Que aula tens antes da aula de Português?
7. Que aula tens depois da aula de Português?

41 *Completa as frases com os verbos entre parênteses.* Complete the sentences with the verbs given.

Exemplo: O Pedro _____ o computador na aula. (usar)   *O Pedro usa o computador na aula.*

1. A Carla _____ às três horas. (chegar)
2. Tu _____ para o quadro. (olhar)
3. Ela _____ piano muito bem. (tocar)
4. Eu _____ ténis. (jogar)
5. O professor _____ a aula às nove horas. (começar)
6. Você _____ com as amigas. (falar)
7. Ele _____ português. (estudar)
8. O Roberto _____ em Braga. (morar)

42 *Muda as frases da **Actividade 41** para indicar o que gostam de fazer. Segue o exemplo.* Change the sentences from **Activity 41** to indicate what the subjects like to do. Follow the example.

Exemplo: O Pedro usa o computador na aula.   *O Pedro gosta de usar o computador na aula.*

43 *Forma frases indicando como as seguintes pessoas chegam à escola.* Form sentences indicating how the following people arrive at school.

Exemplo: Eu / a pé   *Eu chego à escola a pé.*

1. O Luís / carro
2. Ela / a pé
3. Você / automóvel
4. Tu / mota
5. Eu / bicicleta
6. Ele / ônibus
7. A Ana / autocarro
8. O senhor / camioneta

44 Na internet, faz uma pesquisa acerca do Museu Nacional Machado de Castro. Inclui a informação pedida nas seguintes perguntas. On the internet, do research about the "Museu Nacional Machado de Castro." Address the following questions.

1. A que horas abre?
2. Qual é a direcção?
3. A que horas fecha?
4. Qual é o horário?
5. Que tipo de arte tem?
6. Qual é o preço de entrada?

45 Traduz usando a contracção da preposição **em** com o artigo. Translate using the contraction of the preposition **em** with the article.

1. O Luís trabalha _____ esplanada. (in a)
2. Eu moro _____ casa bonita. (in a)
3. Tu nadas _____ piscina grande. (in a)
4. Ele ensina _____ universidade. (in a)
5. Ela estuda _____ biblioteca. (in the)
6. O estudante tem Biologia _____ laboratório. (in the)
7. O professor almoça _____ cantina. (in the)
8. Eu pratico desporto _____ ginásio. (in the)

46 Completa as frases usando a contracção da preposição **em** com os artigos definidos e indefinidos. Complete the sentences with the contraction of **em** and the definite and indefinite articles.

Exemplo: Eu tenho dois livros _____ (a) mochila. *Eu tenho dois livros na mochila.*

1. Você joga futebol _____ (o) ginásio.
2. Ele mora _____ (uma) cidade bonita.
3. Eu estudo _____ (a) biblioteca.
4. O João trabalha _____ (uma) esplanada.
5. O professor ensina _____ (uma) escola secundária.

47 Responde às perguntas com frases completas. Answer using complete sentences.

The Braga depot.

1. A que horas começa o filme? (5:15 PM)
2. A que horas entra o Sr. Manuel no trabalho? (7:00 AM)
3. A que horas chegas à escola?
4. A que horas almoças?
5. A que horas tens a aula de Português?
6. A que horas é o jogo de futebol? (4:00 PM)

A tree in the garden at "Santuário do Bom Jesus do Monte"

Cultura ~

Let's Visit Braga

Old balcony at Santuário do Bom Jesus do Monte

As we arrive in the province of Minho, we head toward its capital city, Braga, where we'll see cloisters of magnificent churches, convents, monasteries and houses that represent various centuries throughout the Middle Ages. Braga also has a well-preserved historic center.

Braga was an important trading center in Roman times and was given the name "Bracara Augusta" by the Romans around 300 BC. In 456, it was captured by Theodore II and later converted to Catholicism. The Moors took possession about 730 and Fernando I de Castile re-conquered it in 1040. In the 12th century, during the reign of D. Afonso Henriques, Braga became a spiritual center and the home for the Catholic Church and for wealthy landowners.

In the historic center, we find the city's famous Cathedral, still the seat of Portugal's episcopate. The Cathedral was first completed in the 12th century but has seen many improvements and additions. The interior has retained its medieval character thanks to restoration work done in the 1930s and 50s. The Cathedral is always open.

Because of the many beautiful churches, religious centers, palaces, fountains and resplendent architecture, Braga is affectionately called "Portuguese Rome." Here, some of the country's most important and colorful religious feasts take place. Most occur during *Semana Santa* (Holy Week) and feature dramatic and solemn processions. The festival of São João is celebrated with dancing in the streets, fairs and fireworks.

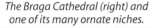
The Braga Cathedral (right) and one of its many ornate niches.

Four miles from the center of Braga, on the hills of *Monte Espinho*, is the *Santuário do Bom Jesus do Monte* (the Good Jesus Sanctuary), an enchanting retreat which is said to evoke the passion of Jesus. The church is high on a hill overlooking the town and is surrounded by plush gardens. The approach is a very steep, impressive baroque staircase called the "Sacred Way," symbolic of the 14 Stations of the Cross. Ornately carved figures and wall-fountains decorate the steps according to the stages of Christ's last journey. The fountains represent

The *"Santuário do Bom Jesus do Monte"*

View from "Santuário do Bom Jesus do Monte" looking down the Sacred Way and overlooking the city of Braga.

the five senses. If the steps are too strenuous to climb, take the 19th-century funicular railway to the top. Thousands of pilgrims flock to this shrine during the time of Pentecost.

The region of Minho is also famous for the legend of *Galo de Barcelos* (Barcelos Rooster). The legend symbolizes the victorious fight for justice, and while variations of the story abound, it goes something like this: A young man is unjustly sentenced to death. As a last wish before his hanging, he asks to meet the judge and is received at the judge's home. In one final inspired plea, he swears his innocence and predicts a rooster (perhaps already cooked) will crow to prove it. In an instant, the rooster miraculously crows before many witnesses and so loud it is heard all over Barcelos. The young man is immediately released. Years later, he returns to town to raise a monument in devotion to the Virgin Mary and St. James, to whom he prayed for deliverance. Today, the figure of the rooster has become a national symbol and is one of the most popular figurines in tourist shops.

Barcelos is a walled medieval town filled with period houses, baroque manors and an ancient

These relics are part of a prestigious collection of Portugal's religious statues, garments and other treasures on display at the Cathedral in Braga. Here you'll find the Cross used at the first mass celebrated in Brazil by Saint Francis Xavier.

Jewish quarter. Also located in this region is the city of Guimarães, which in 1143 was the first capital of Portugal under the rule of its first king, D. Afonso Henriques. This town is called the "birthplace of the Nation." Every August the city holds a medieval festival with the people wearing medieval costume and producing arts and crafts.

Heading south and leaving Minho, we'll pass through the Douro region and head toward Beira Litoral province. Our destination is Coimbra, the famous university city. See you there!

Fountain of the Castles, Paço Square

VOCABULÁRIO

aborrecido/a	boring	*forte*	strong
acabar de	to finish (just)	*Francês*	French
Alemão	German	*gabinete (o)*	office
Álgebra	algebra (class)	*gostar*	to like
almoçar	to have lunch	*jogar*	to play (sports / games)
almoço (o)	lunch	*jogo de futebol (o)*	soccer game
a pé	on foot	*laboratório (o)*	laboratory
antes de	before	*lavabo (o)*	bathroom
apontamentos (os)	notes	*Matemática*	mathematics (class)
apanhar	to get / to pick	*meia hora*	half an hour
Arte	art (class)	*menos*	minus
auditório (o)	auditorium	*morar*	to live
autocarro (o)	bus	*mota (a)*	motorcycle
automóvel (o)	car	*Música*	music
biblioteca (a)	library	*nadar*	to swim
bicicleta (a)	bicycle	*o que?*	what?
Biologia	biology (class)	*olhar (para)*	to look (at)
brincar	to play	*onde?*	where?
camioneta (a)	bus	*ônibus (o)*	bus
cantina (a)	cafeteria	*outro*	other
carro (o)	car	*patinar*	to skate
casa de banho (a)	bathroom	*piscina (a)*	swimming pool
cedo	early	*praticar*	to practice
centro de recursos (o)	resource center	*primeiro*	first
chegar	to arrive	*primo (o)*	cousin
cidade (a)	city	*quando?*	when?
Ciências Naturais	natural science (class)	*quanto?*	how much?
começar	to begin	*quarto (um/o)*	quarter, one-fourth, room
como?	how?	*quem?*	who?
complicado/a	complicated	*Química*	chemistry (class)
comprar	to buy	*refeitório (o)*	cafeteria
Contabilidade	accounting (class)	*sala de aula (a)*	classroom
Dactilografia	typing (class)	*sala de informática (a)*	computer lab
dançar	to dance	*sala de música (a)*	music room
de onde ?	from where?	*sala dos professores (a)*	faculty room
departamento de indústria (o)	industrial department	*saúde*	health
departamento de tecnologia (o)	technology department	*sonhar*	to dream
depois de	after	*tarde*	late
desenhar	to draw	*telefonar*	to telephone
Educação Física	physical education (class)	*tirar*	to take
entrar	to enter	*tocar*	to play (an instrument)
entre	between	*tomar*	to take / to drink
entrevista (a)	interview	*trabalhar*	to work
ensinar	to teach	*Trigonometria*	trigonometry (class)
escalar	to climb	*usar*	to use
estudar	to study	*visitar*	to visit
falar	to speak	*violino (o)*	violin

Expressões

A que horas é...?	At what time is...?	*da tarde*	in the afternoon
Como são?	How are?	*em ponto*	o'clock sharp
da manhã	in the morning	*por isso*	therefore
da noite	at night	*Que horas são?*	What time is it?

Proficiency Activities

1 Mingle with your classmates and find out which classes they have this semester. Ask them what time they have each class. In five minutes, tell which subjects the students you interviewed have in common. Also, tell the class which subjects are unique to each student.

2 Look at Manuela's calendar for the week and tell your partner as much as you can about the activities you think she will choose to do. Add the day on which you believe she will do these activities. You may use the phrase: ***Na segunda-feira a Manuela vai à escola às oito horas da manhã.*** (On Monday, Manuela is going to school at 8:00 in the morning.)

Example: (day) a Manuela vai (choose activity) à/às/ao (time) da (time of day) .

9:00 AM ... tomar café ou estudar ciências
10:00 AM ... ao centro comercial, ou ao concerto
11:00 AM ... almoçar ou telefonar
12:00 PM ... ao restaurante ou ao teatro

1:00 PM ... a casa do amigo ou estudar
2:00 PM ... à festa ou visitar uma amiga
3:00 PM ... ao cinema ou à esplanada

3 The 24-hour clock is used frequently in other countries of the world. Think of circumstances in which it would be used in your daily life, then make out a 24-hour time schedule with six to eight items such as TV programs, train, air, bus, lunch and class schedules.

4 Make a clock by using paper or styrofoam plates and construction paper (for the hands). Poke a hole through the center of the plate with a brass clasp and attach the hands. Add the following to your clock:

a. Decorate and make it as interesting as possible.
b. When placing numbers on the clock employ regular numbers and the 24-hour numbers.
c. Plan a theme for your clock, e.g., antique clock, grandfather clock , kitchen clock, etc.
d. When clocks are ready, a time will be given by another student or your teacher. Set your clock to that time.
e. Each student will read out the time they set. Everyone in that row will set their clock to that time.
f. In groups, each student will take a minute to see how many different times his/her group can set their clocks to in one minute.
g. Display the clocks around the room. Each day a few students will point to different clocks and tell the class what time it is on a few of the clocks. Each day the clocks will be re-set.
h. Students will make a bulletin board of the different Lusophone countries. Each day one person will call out a time in your city or town. Then different students will go to the bulletin board and set the correct time for the country they are responsible for.

5 Working with a partner, use words from column A to ask how someone is arriving at a specific destination. Choose the answers from Column B. Take turns asking and answering the questions.

Example: Como chegas à escola? *Eu chego de carro.*

Column A	Column B
ao banco	de autocarro
à universidade	de camioneta
ao hospital	de carro
ao museu	de automóvel
ao parque	a pé
ao correio (post office)	de mota
à paragem de autocarro	de avião
a Braga	de bicicleta
ao restaurante em Copacabana	de comboio
ao Centro Comercial de Miami	de barco
à loja	de metro
ao cinema	de monocarril
a Portugal	
ao Brasil	

O Henrique está na mota a telefonar à namorada.

6 Inquire what your partner prefers by asking questions regarding the following subjects.

Example: *Gostas mais da* aula de Matemática ou de História?   Gosto mais da aula de Matemática.*
     * gostar mais de = to prefer

a. Nova Iorque ou Miami
b. Mark McGuire ou Sammy Sosa
c. samba ou rock
d. IBM ou MAC
e. televisão ou rádio
f. Suave ou Pantene
g. MTV ou CNN
h. Colgate ou Crest
i. Nikon ou Polaroid

7 You have already learned some activities (verbs) that you may enjoy doing. Tell your partner ten activites that you enjoy and ask him/her for ten activites that he/she enjoys. You and your partner will write down these activities. For the next five minutes, everyone in the room will go to at least five other persons in the room and find out if they like or do not like to do the same things as you. After the five-minute time period, your partner will return to you and tell you who enjoys doing the same things as you.

8 Can you recognize the meanings of these verbs. Their meaning can usually be associated with a word in English that will help you remember and increase your Portuguese vocabulary. All of these verbs are used just like *chegar* and *sonhar* that you have already used in the chapter.

acompanhar	dançar	explicar	marcar	preparar
adaptar	decorar	hesitar	matricular	telefonar
adorar	desejar(desire)	imaginar	mostrar	terminar
celebrar	entrar	inspirar	passar	usar
continuar	esquiar	instalar	pintar	visitar
conversar	estudar	investigar	praticar	

Form 15 sentences using the words above combined with as many nouns as you can remember.

Examples: *O Carlos telefona à Joana. O actor dança muito bem.*

 Change the sentences you created in *Proficiency 9* into questions and ask them to your partner.

11 Bring in pictures from magazines or from your own collection that show five things you like to do and five things you dislike doing. Make a collage with your name written in the center and hang it up in the classroom. Students will be called upon to go to one of the collages and tell the class what that student likes and dislikes.

12 In groups of four, find out from each member of your group what they prefer from the list below. Have one person take notes so that he/she can report to the class which things the group either likes or dislikes. Use the phrase: ***O grupo gosta de_____***

Example: O grupo gosta de viajar.

The Park Hotel near the Sanctuary of Bom Jesus

1. dançar
2. tomar uma Coca-Cola
3. (a) música portuguesa
4. novelas
5. arte
6. Matemática
7. tomar uma Pepsi
8. (os) filmes
9. História
10. estudar
11. usar o computador
12. (os) vídeos
13. (os) livros
14. Biologia
15. Sociologia
16. (a) música rock
17. viajar de avião

Tourists view an altar at the Braga Cathedral.

Religious souvenirs and art objects in Braga center.

Men enjoy an early morning game of soccer on the beach near Lagoa, São Miguel, Açores.

Objectives

✈ Engage in conversations

✈ Provide and obtain information about leisure time activities

✈ Compare and contrast feelings and emotions

✈ Express ideas using the future

✈ Discuss movies, museums and other cultural events

✈ Tell what you have to do

UNIDADE 3

Passatempos e Actividades Nos Tempos Livres

Leitura

—Olá! Sou a Graça Menezes, estudo na Escola Secundária de Antero de Quental, em São Miguel, Açores. Sou alta e morena e sou muito simpática. Hoje é o meu aniversário. Vou festejar com os meus amigos na minha casa. A festa começa às quatro horas e acaba às nove. Estou muito contente porque os meus colegas da escola vão à minha festa. Eu e a Carina vamos decorar a casa com balões e serpentinas.

—Na festa nós tocamos CDs de vários tipos de música e dançamos. O meu amigo Rico toca viola e nós cantamos. Os outros amigos jogam às cartas e tomam refrescos. Nós divertimo-nos muito, por isso eu adoro festejar o meu aniversário.

Vocabulário

balões	balloons
divertimo-nos	we have a good time
festejar	to celebrate
jogam às cartas	play cards
o meu/a minha	my
serpentinas	streamers

Eles divertem-se muito no jogo de futebol.

Actividade

1 *Responde às perguntas.* Answer the questions.

1. Onde é que a Graça estuda?
2. Onde é a escola da Graça?
3. Como é a Graça?
4. Que festeja hoje?
5. A que horas começa a festa?
6. A que horas acaba a festa?
7. Quem é que a Graça convida para a festa?
8. Quem decora a casa?
9. O que usam para decorar a casa?
10. Que instrumento é que o Rico toca?
11. Que fazem (do) os colegas enquanto o Rico toca?
12. Porque é que a Graça gosta de festejar o aniversário?

A festa da Graça.

Vocabulário

Espaços de Lazer ~ Leisure Places

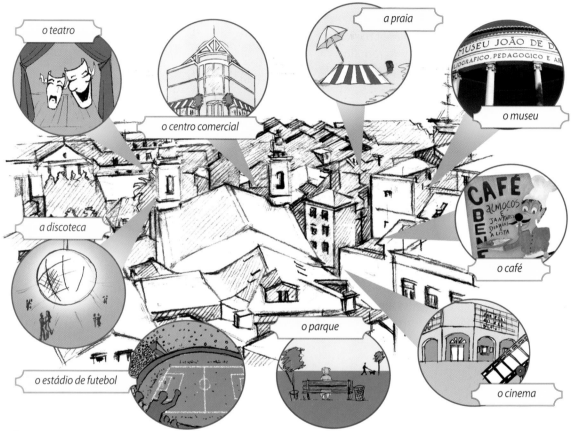

o teatro

o centro comercial

a praia

o museu

a discoteca

o café

o parque

o estádio de futebol

o cinema

Actividade

2 *Completa as frases com as palavras ao lado.* Complete the sentences with words from the column.

1. A equipa joga futebol no _____.
2. A Marta compra CDs no _____.
3. A aluna gosta de arte, ela visita o _____.
4. Eu tomo um refresco no _____.
5. Tu danças na _____.
6. Os rapazes brincam no _____.
7. O João toma banhos de sol na _____.
8. O actor trabalha no _____.
9. Os amigos vão ao _____ ver um filme.

museu
parque
discoteca
teatro
estádio de futebol
cinema
café
praia
centro comercial

Estrutura

I. Presente do Indicativo dos verbos terminados em *-ar* ~ *Present Indicative of -ar verbs*

To form the plural of the present tense:
- ⇨ Take the infinitive of the verb
- ⇨ Drop the *-ar* (stem remains)
- ⇨ Add the appropriate ending for each subject pronoun

Na esplanada eles falam.

The Verb Falar ~ To Speak

Singular	Stem	Ending	Present Tense	Plural	Stem	Ending	Present Tense
eu	fal-	-o	falo	nós	fal-	-amos	falamos
tu	fal-	-as	falas	vós	fal-	-ais	falais
você / o senhor / a senhora / ele / ela	fal-	-a	fala	vocês / os senhores / as senhoras / eles / elas	fal-	-am	falam

Examples: Eu e a minha amiga *falamos* português muito bem.
Eles *chegam* ao teatro às 7:00 em ponto.

MAIS VOCABULÁRIO
-ar Verbs

ajudar	to help	*esquiar*	to ski	*patinar*	to skate
andar	to walk	*ficar*	to remain / to stay	*pintar*	to paint
arrumar	to put away	*gastar*	to spend	*preparar*	to prepare
conversar	to converse	*levar*	to take	*tratar*	to take care of
convidar	to invite	*ligar*	to connect / to turn on	*treinar*	to train
esperar	to wait for	*nadar*	to swim	*voltar*	to return (from)

Em Lisboa, eles esperam o autocarro.

O senhor pinta o barco.

Actividades

3 *Preenche os espaços com a forma correcta do verbo entre parênteses.* Fill in the blanks with the correct form of the verb in parentheses.

> **Exemplo:** A Catarina _____ o autocarro às sete horas. (apanhar)
> ***A Catarina apanha o autocarro às sete horas.***

1. Eles _____ cedo à escola. (chegar)
2. Você _____ muito bem. (desenhar)
3. Tu e eu _____ futebol na escola. (jogar)
4. Eu não _____ desporto. (praticar)
5. As alunas _____ muito. (estudar)
6. Nós _____ de esquiar. (gostar)
7. Tu e ela _____ de estudar. (acabar)
8. Tu _____ com o Carlos. (falar)

Os rapazes jogam futebol.

4 *Completa as frases com informação das fotografias abaixo apresentadas.* Complete the following sentences using information from the photographs below.

1. A Alice e a Carina...   2. O Pedro e o Mateus...   3. Nós...   4. Eles...

A Alice e a Carina telefonam uma à outra todos os dias.

Eles falam sobre futebol.

O Pedro e o Mateus jogam no computador.

Nós jogamos futebol no parque.

5 *Faz perguntas ao teu colega, de acordo com o exemplo.* Ask your partner questions using the given information.

Exemplo: Falar português/tu.
Aluno 1: **Falas português?**
Aluno 2: **Sim, falo português.** Ou **Não, não falo português.**

1. Trabalhar no restaurante/ eles
2. Desenhar bem / vocês
3. Tocar bem piano / ela
4. Estudar muito / você
5. Telefonar ao presidente / o senhor
6. Praticar desporto / nós
7. Usar a calculadora/ eu
8. Gostar de música clássica / tu
9. Chegar cedo à escola / elas
10. Levar os livros para a aula / ele

6 *Faz duas perguntas ao teu colega sobre cada uma das seguintes fotografias, usando um interrogativo.* Using interrogative words, ask your partner two questions per picture.

Exemplo: *Eles compram gelados?* Ou *O que é que eles compram?*

As senhoras conversam no parque.

Eles jogam às cartas.

Eles nadam na praia da Nazaré.

Ele toca violão.

7 *Completa com as formas correctas dos seguintes verbos.* Complete each sentence with the correct form of the verbs.

alugar   jogar   conversar   praticar
tomar   convidar   comprar

1. Elas _____ sempre os amigos para as festas.
2. Vocês _____ futebol.
3. O Cláudio e o Jacinto _____ karaté.
4. A Tina _____ roupa no centro comercial.
5. Nós _____ uns vídeos.
6. As senhoras _____ café com leite?
7. A Catarina e a Elizabete não _____ muito pela internet.

—O que quer tomar, minha senhora?

8 *Entrevista seis dos teus colegas e pergunta quais são as cinco actividades de que eles gostam mais. Faz uma lista começando com as actividades mais populares e apresenta à turma.* Interview six classmates about five activities they like to do in their free time. Make a list in order of popularity and report them to the class.

9 *Traduz as frases para português, empregando verbos da primeira conjugação.* Translate the following sentences into Portuguese using *ar* verbs.

1. Do you (plural) roller blade with friends?
2. I don't draw, but I paint well.
3. We always play cards.
4. They buy CDs.
5. She doesn't call.
6. Do you rent videos?
7. Rosa doesn't play piano.
8. Jamie and I work after school.

10 *Completa as frases com a forma correcta do verbo apropriado.* Complete the sentences below with the correct form of the appropriate verb.

Exemplo: *Nós compramos o pão na padaria.*

1. Tu e eu _____ instrumentos musicais.
2. Nós _____ no gelo (ice).
3. O Artur e a Diana _____ a fruta no supermercado.
4. Vocês _____ muitos amigos para as festas?
5. Eles ____ na discoteca aos fins-de-semana.
6. Os bons atletas _____ todos os dias.
7. A Alice e o Samuel _____ muito dinheiro.
8. As meninas _____ banhos de sol na praia.

11 *Constrói frases completas com as seguintes sequências.* Form complete sentences using the following words.

1. Ele / trabalhar / na loja.
2. Nós / comprar / CDs.
3. Vocês / praticar / desporto.
4. Elas / dançar/ nas festas.
5. Tu / conversar / pela internet.
6. Eu / estudar / na biblioteca.

12 *Responde às perguntas.* Answer the questions.

1. Tu e o Ricardo tocam instrumentos musicais?
2. Tu e a Raquel trabalham num restaurante?
3. Vocês dançam muito nas festas da escola?
4. Vocês estudam na biblioteca depois da escola?
5. Vocês tomam água ou refrescos quando praticam desporto?
6. Tu e a tua amiga falam português em casa?
7. Vocês convidam amigos para festas?
8. Tu e o teu colega compram CDs?

13 *Procura em revistas 8 ilustrações de actividades com verbos que terminam em -**ar**. Recorta e faz frases completas, usando um sujeito e um verbo diferente para cada frase. Lembra-te da concordância do sujeito com o verbo.* Find eight magazine pictures that depict -**ar** verb activities. Cut out the pictures and write a sentence using a different subject and verb for each picture. Remember the need for subject/verb agreement.

14 *Faz as perguntas a um colega. Esse colega faz-te as mesmas perguntas.* Ask a friend the following questions, then have your friend ask you the questions.

1. De que gostas mais, de* dançar ou de cantar?
2. De que tipo de música gostas? Música popular, rap, clássica, jazz, rock, ou…?
3. Tocas um instrumento musical? Qual?
4. Qual é o refresco que tomas nas festas? Sumo, laranjada, limonada?
5. Qual é o jogo de cartas de que gostas mais?
6. Gostas de conversar com pessoas desconhecidas (unfamiliar)?
7. Gostas de dançar?
8. Ficas (to stay/remain) sempre nas festas até ao fim?

Os rapazes gostam de ir ao café.

*Gostar mais de . . . means to prefer... **Example:** Eu gosto mais de música clássica.

FESTAS

Este grupo de amigos festeja o dia de anos da Joana. O Manuel entra na sala. Ele tem um presente para a Joana. Na festa todos os convidados tomam refrescos. Todos conversam, especialmente as raparigas, que gostam mais de conversar.

O Nuno, um dos colegas, toca viola, enquanto (while) outros amigos dançam.

15 *Responde às perguntas.* Answer the following questions.

1. O que é que o grupo de amigos festeja?
2. O que é que o Manuel tem para a Joana?
3. Que tomam os convidados?
4. Quem dança?
5. Quem entra na sala?
6. Quem gosta mais de conversar?
7. Quem toca viola?

II. *Ir* ~ To go

The verb *ir* means **to go**. When conjugated in the present tense it can mean either **"go"** or **"to be going."** It is an irregular verb.

Singular		Plural	
eu	*vou*	nós	*vamos*
tu	*vais*	vós	*ides*
você o senhor / a senhora ele / ela }	*vai*	vocês os senhores / as senhoras eles / elas }	*vão*

Eles vão pescar todos os sábados.

16 *Preenche os espaços com a forma correcta do verbo* **ir**. Fill with the correct form of the verb *ir*.

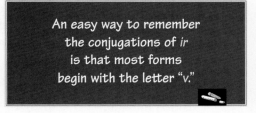

An easy way to remember the conjugations of *ir* is that most forms begin with the letter "v."

1. Tu e a Lúcia _____ à festa?
2. Vocês _____ ao jogo de futebol americano no sábado?
3. O Rogério _____ de mota.
4. Elas _____ à escola.
5. Vós _____ ao concerto.
6. Eu não _____, porque trabalho.
7. Nós _____ com a malta.
8. Sexta-feira tu _____ ao baile.
9. Ele _____ de autocarro à praia.
10. Os senhores _____ ao museu na terça-feira.

17 *Preenche com o pronome pessoal adequado.* Place the correct subject pronoun for each sentence.

Example: *Ele* vai chegar cedo hoje à noite.

Há onze barcos na praia.

1. _____ vamos nadar na piscina?
2. _____ vais dançar na festa?
3. _____ vou jogar às cartas.
4. _____ ides visitar o museu.
5. _____ vão jogar futebol.

III. Verbo *ir* com localidades ~ *Verb to go with locations*

The verb *ir*, meaning to go, is often used with a noun of location.

In Portuguese, the preposition *a*, which means **to**, contracts with the definite articles *o, a, os, as*. Follow these simple contractions:

a + a loja = *à* loja (to the store)	Ela *vai à* loja amanhã.
a + o banco = *ao* banco (to the bank)	Eu *vou ao* banco trocar dinheiro.
a + as festas = *às* festas (to the parties)	Nós *vamos às* festas dos amigos.
a + os teatros = *aos* teatros (to the theaters)	Eles *vão aos* teatros de Nova Iorque.

When the verb *ir* is followed by an indefinite article (*um*, *uma*, *uns*, *umas*), there is no contraction.

Examples: Eles vão *a um* jogo. *They go to a game.*
A Carla vai *a um* restaurante. *Carla goes to a restaurant.*

ACTIVIDADES

18 *Escreve frases com o verbo* **ir** *mais a contracção da preposição* **a** *com os artigos definidos informando aonde vão as seguintes pessoas.* Using a contraction of the preposition *a* with a definite article, write complete sentences to tell where the following people are going.

Exemplo: Madalena / parque. *A Madalena vai ao parque.*

1. Lúcio / museus
2. Tu / praia
3. Ela / esplanadas
4. Nós / cinema
5. Eu e ele / discoteca
6. Tu e eu / teatro
7. Eu / bailes
8. Eles / aula de Português
9. Vocês / lojas
10. As senhoras / centro comercial

Eles vão à Austrália.

19 *Pergunta a quatro amigos aonde vão este fim-de-semana. Em seguida eles perguntam-te aonde vais.* Ask four friends where they plan to go this weekend. Then, have them ask you.

Exemplo: Aonde vais este fim-de-semana? *Vou a uma festa.*

20 *Traduz as seguintes frases.* Translate the following sentences into Portuguese.

Exemplo: She is going to the theatre. *Ela vai ao teatro.*

1. He is going to a restaurant.
2. My friends and I go to the movies on Fridays.
3. You are going to the beach Sunday.
4. Mr. Gouveia is going to the cafeteria.
5. I am going to the soccer stadium.
6. You and I are going to the library.
7. We go to the theater on Saturdays.
8. Mary and John go to the mall every day.

IV. *Ir* + transportes ~ To go by + *transportation*

The verb *ir* is used with the preposition *de* to express means of transportation.

Example: A Tina *vai de* comboio. *Tina is going by train.*

To go on foot (*a pé*), the preposition *de* is not used.

Example: Eu *vou a pé* à praia.

Parte do Monumento
dos Descobrimentos

Eles vão de eléctrico

As turistas vão de autocarro

As estudantes de música vão de comboio para a universidade.

ACTIVIDADES

21 *Usa* **ir** + **de** *para indicar como as pessoas vão.* Use *ir* + *de* to express how people are traveling to their destinations.

Exemplo: A Patrícia_____autocarro.   *A Patricia* **vai de** *autocarro.*

1. As senhoras _____ avião.
2. Vocês_____ bicicleta.
3. Tu _____ carro.
4. A Dina _____ mota.
5. Nós _____ barco.

22 *Lê o diálogo e, com um colega, cria diálogos idênticos, substituindo as palavras sublinhadas pela informação do quadro ao lado.* Read the dialogue below, then make up other dialogues with a colleague substituting the underlined words with those from the table below.

Carlos: *Olá, Bela!*
  Bela: *Olá, Carlos! Aonde vais amanhã?*
Carlos: *Vou* <u>*ao cinema*</u>*.*
  Bela: *Vais de* <u>*carro ou de autocarro*</u>*?*
Carlos: *Vou de* <u>*carro*</u>*.*
  Bela: *A que horas vais?*
Carlos: *Vou às* <u>*três horas da tarde*</u>*.*
  Bela: *Está bem. Então eu também vou.*

Lugar	Transporte	Hora
estádio de futebol	eléctrico / metro	*5:00*PM
praia	mota / carro	*1:15*PM
museu	comboio/ metro	*2:20*PM
parque	bicicleta / a pé	*10:00*AM

o barco   *o autocarro*

as motas e os carros

o eléctrico

V. Futuro com o verbo *ir* ~ *Future with the verb* ir

To express an action that is going to take place in the immediate future use *ir* + a verb in the infinitive.

Examples: Eles ***vão trabalhar*** depois da escola.　*They are going to work after school.*

Eu ***vou estudar*** na biblioteca.　*I'm going to study in the library.*

ACTIVIDADES

23 *Muda as frases para o futuro.* Change the sentences to the future.

Exemplo: Eu trabalho hoje. ***Eu vou trabalhar hoje.***

1. Tu tratas dos animais.
2. O André joga futebol hoje.
3. A Cláudia convida a amiga para a festa.
4. Vós falais com o professor.
5. Você volta para casa cedo.
6. Eu espero o autocarro depois da escola.
7. Os alunos visitam o museu das Belas Artes em Boston.
8. Eles estudam para o exame de Português.
9. A Rita e eu gastamos dinheiro no centro comercial.
10. Vocês patinam com os amigos.

24 *Escreve cinco frases indicando cinco actividades que vais fazer hoje depois das aulas.* Make up five sentences, indicating five activities you are going to do today after school.

25 *Transforma as frases da **Actividade 24** em frases interrogativas e pergunta ao teu colega se ele vai fazer as mesmas actividades que tu.* Change the sentences from **Activity 24** to questions, and ask your partner if he/she is going to do the same activities.

Elas vão a pé para a praia em São Miquel, Açores.

VI. *Estar* ~ To be

The verb *estar* is an irregular verb. ***Estar*** also means ***to be***, it is used to express:
- how one feels (fine, happy, angry, sick, etc.)
- the state or condition of someone or something (old, new, bored, etc.)
- temporary locations (at work, in Lisbon, on the floor, under the table, etc.)
- the weather

Examples: ***Estou*** cansado. ***Estou*** bem, e o senhor? ***Estou*** óptimo.
O estudante ***está*** doente. O carro ***está*** velho.
Eles ***estão*** em Portugal. A Sandra e a Anita ***estão*** em casa.
O lápis ***está*** na mochila. O tempo ***está*** maravilhoso hoje.

Singular		Plural	
eu	*estou*	nós	*estamos*
tu	*estás*	vós	*estais*
você / o senhor / a senhora / ele / ela	*está*	vocês / os senhores / as senhoras / eles / elas	*estão*

Use estar with the following expressions:

estar aborrecido/a	*to be bored*	*estar feliz / alegre*	*to be happy*
estar agradável	*to be pleasant*	*estar furioso/a*	*to be furious*
estar alegre	*to be happy*	*estar satisfeito*	*to be content*
estar confortável	*to be comfortable*	*estar triste*	*to be sad*
estar doente	*to be sick*	*estar zangado/a*	*to be upset*

The verb *ser* also means **to be**, but it is used to describe:

- characteristics
- permanent locations
- occupations
- religious and political affiliations
- nationality

Examples: Ele *é **alto e loiro**.*
Lisboa *é **em Portugal**.*
Ele *é **professor**.*
Ele *é **republicano**.*
O João *é **português**.*

Both verbs mean the same in English.

Examples: Eu *sou* americano. *I am American.*   Eu *estou* em casa. *I am at home.*

ACTIVIDADES

26 *Completa as frases com a forma correcta do verbo* **estar**. Complete the sentences below with the correct form of *estar*.

1. Os alunos _____ na aula.
2. Eu _____ bem.
3. O livro _____ na carteira.
4. Vocês não _____ no ginásio.
5. Elas _____ no teatro.
6. Ela _____ muito mal.
7. A mochila _____ velha.
8. Tu _____ muito sério hoje.
9. O rapaz _____ no estádio de futebol.
10. Tu e eu _____ no centro comercial.

27 *Responde às seguintes perguntas usando o verbo* **estar**. Answer the following questions using the correct form of *estar*.

Exemplo: Onde está o teu caderno? (mochila)   *Está na mochila.*

1. Onde estão os livros? (carteira)
2. Onde está a Rita? *(aula de Inglês)*
3. Como está o Ruben? (doente)
4. Onde estão as carteiras? (sala de aula)
5. Como estão os rapazes? (aborrecidos)
6. Como está você hoje? (contente)
7. Onde é que estás? (na escola)
8. Onde está o Rui? (Lisboa)

28 *Completa as frases com os verbos* **ser** *ou* **estar**. Complete the sentences with the verbs *ser* or *estar*.

1. Os carros _____ velhos.
2. Hoje _____ muito sol.
3. Eu _____ na escola.
4. Ela ____ mexicana, não ____ americana.
5. As senhoras _____ no hospital.
6. Tu e eu _____ na sala de aula.
7. Évora _____ uma cidade portuguesa.
8. Os estudantes _____ altos.
9. Tu _____ no parque.
10. Eu _____ professor.
11. Nós não _____ em casa.
12. Tu _____ inteligente.

29 *Justifica o uso de* **ser** *ou* **estar** *na* **Actividade 27.** Justify the use of *ser* or *estar* in each of the sentences in **Activity 27**.

a. permanent location
b. condition
c. temporary location
d. characteristic
e. health
f. nationality

Exemplo: Brasília é a capital do Brasil.   *a. permanent location*

30 *Forma frases com* **ser** *ou* **estar**, *associando as palavras de ambas as colunas.* Form sentences with *ser* or *estar*, using one word or set of words from both columns for each sentence.

Os senhores são portugueses.

A	B
eles	contentes agora
eu não	satisfeito
você	em Paris
ela	de Cabo Verde
tu	na secretária
o Alberto e a Paula	baixa e loira
os senhores	dentistas
nós	professores de Inglês
o papel	brasileiros
vocês	inteligente

O Tempo 🌧

No Outono faz vento e frio.

No Inverno faz frio e neva.

Na Primavera chove

No Verão faz sol e calor.

Mais Vocabulário

Faz frio/está frio.	It is cold.
Faz calor/está calor.	It is hot.
Faz sol/está sol.	It is sunny.
Faz vento/está vento.	It is windy.
Está a chover/chove.	It is raining.
Está nublado/está encoberto.	It is cloudy.
Neva/cai neve/está a nevar.	It is snowing.
Está húmido.	It is humid.
a temperatura	the temperature
Faz bom tempo/está bom tempo.	The weather is good.
Faz mau tempo/está mau tempo.	The weather is bad.
Como está o tempo?	How is the weather?
Como está a temperatura hoje?	What is the temperature today?
Que temperatura faz?	What is the temperature?
Em que estação estamos?	What season are we in?
Que tempo faz no Verão?	How is the weather in the summer?

Parte do Monumento dos Descobrimentos

ACTIVIDADES

31 *Com um colega, substitui as expressões sublinhadas por outras e apresenta o diálogo à turma.* With a partner, substitute the underlined words with a weather expression and present it to the class.

> —*Olá, Roberto.*
> —*Olá, José. Como está o tempo aí?*
> —*Aqui <u>está frio e está a chover.</u> E aí, como está o tempo?*
> —*Aqui <u>está muito bom. Está calor e está sol</u>. A temperatura está a <u>85</u> graus.*
> —*Ai que bom! Quem me dera estar aí. Já estou cansado de <u>tanta chuva.</u>*

32 *Responde às perguntas.* Answer the following questions.

1. Como está o tempo hoje?
2. Faz calor quando neva?
3. Faz calor em Fevereiro?
4. Que tempo faz em Janeiro?
5. Está sol, quando chove?
6. Que tempo faz em Julho?
7. Que tempo faz no Outono?

33 *Descreve o tempo representado nas gravuras.* Describe the weather in each illustration.

Nas Sete Cidades, o tempo está nublado.

Em Ponta Delgada, chove.

VII. *Ter que* ~ Must *or* have to

When you have to or must do something, you can use the formula: *ter* + *que* + infinitive.

The verb that follows *que* stays in the infinitive.

> **Example:** *Tens que* trabalhar. (You must work.)
>
> Nós *temos que* estudar. (We have to study.)

O Duarte tem que acabar o trabalho.

ACTIVIDADES

34 *Indica o que têm que fazer as seguintes pessoas.* Indicate what the following people have to do.

Exemplo: Eles/estudar para o exame.   *Eles têm que estudar para o exame.*

1. Eu/ir à escola
2. Ele/visitar o museu
3. António/ficar em casa
4. Vocês/trabalhar hoje
5. Vocês/estudar a lição
6. Eu e ela/chegar cedo
7. Nós/respeitar os professores
8. Eles/treinar futebol hoje

35 *Responde às perguntas.* Answer the questions.

Exemplo: Tens que jogar ténis hoje à tarde?   *Sim, tenho que jogar ténis hoje à tarde.*

1. Tens que ir ao cinema?
2. Tens que fazer exames?
3. Tens que ter boas notas?
4. Tens que trabalhar muito na escola?
5. Tens que visitar o museu?
6. Tens que estudar muito?
7. Tens que jogar futebol hoje?
8. Tens que desenhar na aula de Arte?

36 *Faz uma lista do que não vais fazer e indica porquê. Pergunta ao teu colega se vai fazer o mesmo ou não.* Make a list of things that you're not going to do and why not. Ask your partner if he/she has to do the same thing. If the answer is no, find out what your classmate is going to do.

Exemplo: *Não vou ao cinema esta tarde, porque tenho que estudar.*   *E tu, tens que estudar?*

Os rapazes brincam na praia.

Estas senhoras querem comprar presentes no centro comercial.

VIII. Expressões com *ter* e *estar com* ~ *Expressions with* ter *and* estar com

To explain physical or emotional feelings, use the following formulas:

> *ter* + _____   or   *estar com* + _____

> **Examples:** *Eu tenho frio.   Eu estou com frio*.
> *Eles têm fome.   Eles estão com fome.*

ter calor or *estar com calor*	**to be hot**	*ter pressa* or *estar com pressa*	**to be in a hurry**
ter fome or *estar com fome*	**to be hungry**	*ter sede* or *estar com sede*	**to be thirsty**
ter frio or *estar com frio*	**to be cold**	*ter sono* or *estar com sono*	**to be sleepy**
ter medo or *estar com medo*	**to be afraid**	*ter vontade de* or *estar com vontade de*	**to feel like**

ACTIVIDADES

37 *Traduz as expressões e faz frases com* **ter**, **estar com** *ou* **estar**. Translate the words to the right of each slash and make up sentences using them with *ter*, *estar com* or *estar*.

> **Exemplo:** Ela / sleepy   *Ela está com sono*.

1. Vocês / bored
2. Eu / thirsty
3. Os estudantes / feel like…
4. Ela / afraid
5. A Sara e o João / sad

6. Tu e eu / hungry
7. Tu / cold
8. Você / upset
9. Eles / in a hurry
10. Tu e ele / happy

O Sr. Bento está contente.

38 *Faz perguntas ao teu colega, usando as expressões da* **Actividade 37**, *para saberes como ele/ela se sente*. Using the expressions in **Activity 37**, ask your partner how he/she feels.

> **Exemplo:** *Tens fome?   Sim, tenho fome.*

O Carlos está com vontade de celebrar.

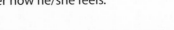

39 *Responde às perguntas de acordo com a informação dada*. Answer the following questions according to the clues.

1. Tu tens sede? (sim)
2. Quem tem pressa? (eu)
3. Quando é que tens sono? (à noite)
4. A Graça tem medo? (não)
5. Os alunos estão com fome? (sim)
6. Tu tens frio no Verão? (não)
7. Vocês têm calor? (sim)
8. Quem está zangado? (eles)
9. Quem está alegre? (nós)
10. Tu tens vontade de estudar? (sim)

IX. Conjugação Perifrástica ~
Present Progressive (Ongoing Action)

To express an ongoing action use *estar* + *a* + verb in the infinitive form.

Examples: Eu *estou a jogar*. I am playing.
Eles *estão a estudar*. They are studying.

Os homens estão a trabalhar com as linhas.

ACTIVIDADES

40 *Muda as frases para a conjugação perifrástica.* Change the sentences to the present progressive tense (ongoing actions).

Exemplo: Ela *trabalha* no restaurante.
Ela *está a trabalhar* no restaurante.

1. Vocês jogam às cartas.
2. Ela liga a televisão.
3. Eu falo na aula de Português.
4. Os alunos estudam na biblioteca.
5. O Carlos pratica futebol.
6. Tu desenhas na aula de Arte.
7. Nós compramos CDs no centro comercial.
8. As senhoras arrumam os livros.
9. Eles jogam voleibol.
10. Tu e eu usamos a calculadora.

Ela está a trabalhar no restaurante.

41 *Muda as seguintes frases para: a) conjugação perifrástica, b) futuro , c) passado recente.* Change the following sentences to: a) present progressive, b) future, c) recent past.

Exemplo: Eu *trabalho* muito. a. Eu *estou a trabalhar* muito.
b. Eu *vou trabalhar* muito.
c. Eu *acabo de trabalhar* muito.

1. Tu estudas português.
2. Nós praticamos desporto.
3. Você treina depois da escola.
4. A Joana patina no parque.
5. A Raquel compra música clássica.
6. O Zé ganha muito dinheiro.
7. Ela aluga vídeos.
8. Os amigos ligam a televisão.
9. Tu telefonas às tuas amigas.
10. O aluno desenha um carro.

42 *Indica se as frases estão: a) na conjugação perifrástica b) no futuro ou c) no passado recente.* Indicate if the sentences are: a) in the present progressive, b) in the future or c) in the recent past.

1. Os estudantes estão a nadar na praia.
2. Eu vou dançar na discoteca.
3. Tu vais comprar o bilhete para o teatro.
4. Eles vão ligar a televisão.
5. O Benfica acaba de jogar no Estádio da Luz.
6. O senhor acaba de tocar na orquestra.
7. Tu e eu vamos convidar os amigos para a festa.
8. Eles estão a treinar no parque.

Pronúncia

Letter group *ch*

The Portuguese *ch* is always pronounced as the *sh* in shoe:

    o lan*ch*e ~ snack   a*ch*ar ~ to find   os *ch*inelos ~ slippers   *ch*over ~ to rain

À hora do lanche, eles vão a pé para a esplanada.

Capela das Almas, Porto

Recapitulação

43 *Usando o vocabulário da página 125 completa as frases.* Complete the sentences using vocabulary from page 125.

1. Os jogadores jogam futebol no _____.
2. A Bela compra os CDs no _____.
3. O ___ Cisne está a apresentar uma comédia.
4. Há muitas pessoas a tomar banho na _____.
5. Na _____ a música é muito alta.
6. O Gil toma uma bica no _____.
7. Amanhã vou ao _____ ver esse filme.
8. O _____ tem objectos antigos.
9. Os meninos brincam no _____.

44 *Completa as frases com as formas correctas dos verbos apropriados.* Complete the following sentences with the correct forms of the appropriate verb from the list below.

patinar	*chegar*	*estudar*	*tocar*	*ligar*
telefonar	*alugar*	*praticar*	*apanhar*	*usar*

1. Nós _____ desporto.
2. Tu _____ no parque.
3. Eu _____ piano.
4. Você _____ às amigas.
5. O Lucas _____ a televisão.
6. Vocês _____ para os exames.
7. No fim-de-semana tu _____ o vídeo.
8. Os amigos _____ a calculadora.
9. Eu _____ cedo à festa.
10. Tu não _____ o autocarro da manhã.

45 *Faz frases com a seguinte lista de actividades. Organiza as frases segundo a tua preferência (de mais a menos).* Make up sentences with the activities listed below, and put them in order of your preference (from most favorite to least favorite).

jogar às cartas	tratar de animais	ligar a televisão	desenhar e pintar na aula de Arte
andar de bicileta	telefonar a amigos	alugar vídeos	tocar um instrumento
praticar desporto	patinar		

46 *Completa com o sujeito apropriado.* Complete the sentences with the appropriate subject.

1. _____ é alta e loira.
2. _____ acabamos de falar com ela.
3. _____ não tem cabelo preto.
4. _____ esquiam no Inverno.
5. _____ tomo um carioca todos os dias.
6. _____ conversas sempre com as amigas.
7. _____ dançamos muito nas festas.
8. _____ gostam de estudar português.

47 *Completa com o verbo* ir. *Complete with the correct form of the verb* ir.

1. O Luís _____ a casa do amigo.
2. Eu não _____ hoje ao cinema.
3. Tu _____ para casa de carro.
4. Vós _____ a muitos bailes?
5. Tu e eu ____ à esplanada à noite.
6. Quinta-feira nós _____ ao centro comercial.
7. Vocês _____ ao teatro no sábado.
8. As professoras ___ ao concerto de música portuguesa.
9. Em Agosto você _____ à praia todos os dias.
10. Às sextas-feiras eu _____ ao banco.

48 *Faz dez perguntas ao teu colega, usando* ir a + *localidade.* Make up ten questions using *ir a* + **place,** ask your partner to respond to them.

Exemplo: You: *Quem vai a casa da Carla?*
Partner: *O Lucas vai a casa da Carla.*

Vista de Vila Nova de Gaia para o Porto.

49 *Responde às perguntas referindo-te aos meios de transporte representados nas fotografias.* Referring to the pictures above, answer the questions using the modes of transportation indicated.

1. Como é que os estudantes vão para a escola? (a)
2. Como é que a D. Armanda vai à loja? (d)
3. Como vais a Portugal? (b)

4. Como vamos de Lisboa ao Porto? (e)
5. Como é que a Gina vai ao café? (c)
6. Como é que os amigos vão à praia? (f)

50 *Completa as frases com a forma correcta do verbo* **estar**. Complete each sentence with the correct form of the verb *estar*.

1. Eu _____ em casa às seis horas
2. Tu _____ na cantina.
3. Este cinema _____ degradado (dilapidated).
4. Os jovens _____ na discoteca.
5. Eu não _____ aborrecida.

6. O livro não _____ na mochila.
7. A rapariga _____ doente hoje.
8. _____ bem; vamos passear.
9. A senhora _____ cansada.
10. Os estudantes _____ em Coimbra.

Um aqueduto antigo de pedra a caminho das Sete Cidades.

Vista do Miradouro de Santa Iria em São Miguel, Açores.

51 *Completa com o verbo ir mais a contracção da preposição a com os artigos.* Complete the following sentences using the verb *ir* with the contraction.

1. Amanhã os alunos ___ ___ parque.
2. A Teresa ___ ___ festa da Rita este fim-de-semana..
3. Eu ___ ___ cinema com uns colegas.
4. Hoje a Anabela ___ ___ praia com as amigas.
5. Vós ___ ___ museu com os alunos.
6. Você ___ ___ banco tirar o dinheiro da conta.
7 Vocês ___ ___ discoteca sábado.
8. Tu ___ ___ centro comercial comprar uma calculadora.
9. Tu e eu ___ ___ Teatro Nacional D. Maria I.
10. Os rapazes ___ ___ estádio de futebol no Porto.

Monumento dos Descobrimentos.

52 *Lê e escreve diálogos idênticos, substituindo as palavras a vermelho pela informação dada.* Read and make up identical dialogues substituting the words in red by the clues given below.

Chico: *Olá! Que tempo faz aí?*
Zeca: *Aqui está sol*
Chico: *E qual é a temperatura?*
Zeca: *A temperatura está a oitenta graus. E aí, como está o tempo?*
Chico: *Aqui está a nevar.*
Zeca: *E qual é a temperatura?*
Chico: *Aqui a temperatura está a vinte e seis graus!*
Zeca: *Ai que pena!*

Clues:
1. chove / 74 / vento / 42
2. húmido / 88 / chove / 65
3. nublado / 97 / sol / 56
4. neva / 17 / chove / 58

The 16th-century Italian baroque-style Church of Saint Engrácia / National Pantheon in Lisbon's Alfama district.

53 *Completa as frases com a forma correcta de ser ou estar.* Complete the following sentences with the correct form of *ser or estar.*

1. Tu e ele _____ bons alunos.
2. O Daniel _____ em casa do amigo.
3. Tu não_____ alto, _____ baixo.
4. Nós _____ na escola.
5. Ponta Delgada _____ a capital de S. Miguel.
6. Luanda _____ a capital de Angola.
7. Eu ___ americano, mas a Clarisse ___ portuguesa.
8. As senhoras _____ doentes.
9. Eu _____ na aula de Português.
10. O livro _____ na carteira.

54 *Indica o que têm que fazer as seguintes pessoas.* Indicate what the following people have to do.

Exemplo: Elas _____ ir ao centro comercial   Elas *têm que* ir ao centro comercial

1. Tu e eu _____ ir ao concerto.
2. Eles _____ falar com o professor.
3. Nós _____ desenhar na aula de Arte.
4. O Gil e o Pedro _____ alugar o vídeo.
5. Tu _____ ir ao teatro.
6. Eu _____ estudar para a prova.
7. Tu _____ comprar um livro.
8. A Manuela _____ ajudar a amiga.
9. O rapaz _____ ir ao estádio de futebol.
10. Vocês _____ ir à praia.

55 *Diz ao teu colega onde vais e porque tens que ir aos seguintes lugares.* Tell your partner that you have to go to the following places, and give a reason why. Reverse rolls.

Exemplo: a farmácia   *Tenho que ir à farmácia comprar medicamentos.*

1. o centro comercial
2. o teatro
3. a Baixa (downtown)
4. a aula
5. o museu
6. o cinema
7. a escola
8. o café

56 *Responde às perguntas.* Answer the questions.

Exemplo: Tens que jogar ténis hoje à tarde?
Sim, tenho que jogar ténis hoje à tarde. **Ou** *Não, não tenho que jogar ténis hoje à tarde.*

1. Tens que trabalhar muito na escola?
2. Tens que escrever composições?
3. Tens que desenhar na aula de Arte?
4. Tens que ter boas notas?
5. Tens que ter muitos livros?
6. Tens que pedir dinheiro à mãe?
7. Tens que estudar muito?
8. Tens que tirar o exame?

57 *Traduz as expressões entre parênteses.* Translate the expressions in parenthesis.

1. Nós não _____ hoje. (feel like dancing)
2. O João _____ para a Europa. (feels like traveling)
3. A Luísa e o José _____ com o professor. (must speak)
4. Você _____ muito dinheiro. (have to earn)
5. Vós _____ à aula a horas. (have to arrive)
6. Ela _____ piano. (feels like playing)
7. Vocês _____. (feel like singing)
8. Nós _____ o museu. (feel like visiting)
9. Tu _____ muito. (must work)
10. Tu _____ para o exame. (must study)

58 *Indica o que tens que fazer na aula de Português.* Tell what you have to do during Portuguese class.

1. falar
2. ler
3. escrever muito
4. pronunciar os sons
5. conhecer uma nova cultura
6. aprender o vocabulário

59 *Muda as frases para a conjugação perifrástica* **estar** + **a** + *verbo no infinitivo.* Change the sentences to the present progressive tense to express ongoing actions.

Exemplo: Eles tomam uma bica na esplanada.   *Eles estão a tomar uma bica na esplanada.*

1. O Víctor fala na aula com a Tina.
5. Tu jogas futebol no parque.
2. Os alunos estudam para o teste de amanhã.
6. Tu e ele desenham um carro.
3. Eu visito o Museu dos Coches em Lisboa.
7. A Beatriz patina no parque.
4. Nós telefonamos à Carla.
8. O professor ensina os alunos.

"Little Portugal," miniature village in Coimbra, showing church in Ponta Delgada. Photograph by Márcia Matos.

60 *Muda as frases da* **Actividade 59** *para o: a) futuro e b) passado recente.* Change the sentences from **Activity 59** to the: a) future, and b) recent past.

Exemplo: Eles tomam uma bica na esplanada.
a) *Eles vão tomar uma bica na esplanada.*
b) *Eles acabam de tomar uma bica na esplanada.*

61 *Escolhe cinco fotografias de revistas e descreve as actividades que vês.* Choose five pictures from magazines and write about what is happening in each photograph.

Cultura ~

WELCOME TO COIMBRA

Students enter the University of Coimbra library.
Photograph by Márcia Matos.

Today we visit Coimbra, the home of one of Europe's oldest universities. The influence of University of Coimbra makes this city one of the most artistic, intellectual and political centers of Portugal. Even today, Coimbra's culture is strongly influenced by student life.

As we make our way towards the university, we enter the *Largo da Portagem* and walk down *Rua Ferreira Borges,* a street filled with lively bars, restaurants and *pastelarias* (pastry shops). One of the most romantic cities in Portugal, Coimbra is the city that inspired the song "April in Portugal." The name Coimbra comes from a nearby Roman town called Conimbriga.

Cathedrals, museums and the university area comprise the heart of the city. As we leave *Rua Borges* and go through the *Arco de Almedina,* we climb the steps to the upper town and gateway to the old city. Passing Coimbra's two cathedrals, *Sé Velha* and *Sé Nova,* we look up at the university.

The University of Coimbra was founded in Lisbon in 1290 by King Dinis and was moved to Coimbra permanently in 1308. When it was first established, teachers from universities in England, France, Spain and Italy joined the faculty.

Machado de Castro Museum. Photograph courtesy ME/DEB, Carlos Silva.

University tower. Photograph by Carlos Silva, ME/DEB.

Machado de Castro Museum and main entrance of the University (right).
Photographs by Carlos Silva, ME/DEB.

Climbing the steep alley that winds its way up to the top of the hill, we see the *repúblicas*, the campus housing for university students. Some have been here since medieval times! More than 900 years ago, students roamed this area dressed in black "frock coats" and capes decorated with colored ribbons that represented different fields of study. Even today, students wear the frock coats and ribbons on special occasions. At graduation, they hold the *Queima das Fitas*, the ceremonial burning of the ribbons.

It is a perfect afternoon to stroll through the university area, listening to students playing guitar and singing fado, traditional music of Portugal. Many students are members of the chorus group, *Tuna de Coimbra* and sing *Fado de Coimbra,* a style of fado filled with romantic lyrics about students, accompanied by a traditional twelve-string guitar.

The old baroque library is decorated with beautiful frescoes by António Robeira. It houses more than 5,000 volumes and 3,000 precious manuscripts dating back to the Middle Ages. Because of the history preserved here, a special pass is needed to use the library.

View of the city of Coimbra taken from the University campus. Photograph by Márcia Matos.

View of the city of Coimbra. Photograph by Carlos Silva, ME/DEB.

Leaving the university, we walk over to the *Jardim Botânico.* This 50-acre park holds more than 1,200 plants, including many rare and exotic species. The gardens were created in 1772 when the Marquês de Pombal introduced the study of natural history at the university. We'll also go over to the area called *Portugal dos Pequeninos.* This is a children's park where everything is in miniature size. Children and their parents can explore the scaled-down versions of Portugal's national buildings, entire villages, pagodas and temples representing the findings of the Portuguese Empire.

After a full day, we leave this beautiful city and head towards the town of Luso. There, we can relax in the hot-water springs of the spa. These thermal waters are believed to alleviate all types of health conditions, from bad circulation to sore muscles. What a great place to soak our tired feet before we go to Évora, the capital of Alto Alentejo province!

Miniature village at Portugal dos Pequeninos (Little Portugal). Photograph by Márcia Matos.

Ancient Roman ruins are being restored at the nearby town of Conimbriga. Photograph by Márcia Matos.

Vocabulário

ajudar	to help	desenhar	to draw
andar	to walk	gastar	to spend
arrumar	to put away	gostar mais de	to prefer
balão (o)	balloon	ir	to go
banco (o)	bank	jogar às cartas	to play cards
brincar	to play	levar	to take
centro comercial (o)	mall	meu	my (masculine)
cinema (o)	movie theater	minha	my (feminine)
comprar	to buy	parque (o)	park
conversar	to converse	patinar	to skate
convidar	to invite	pintar	to paint
dançar	to dance	praia (a)	beach
discoteca (a)	night club	preparar	to prepare
esquiar	to ski	teatro (o)	theater
estádio de futebol (o)	soccer stadium	temperatura (a)	temperature
estar	to be	ter que	must/ have to
falar	to speak	tratar	to treat /take care
festejar	to celebrate	treinar	to train

Expressões

cai neve	it's snowing	estar com medo	to be afraid
chove	it's raining	estar com sede	to be thirsty
como está o tempo?	how is the weather?	estar com sono	to be sleepy
divertir-se	to have a good time	estar com vontade de	to feel like
Em que estação estamos?	What season are we in?	faz bom tempo	the weather is good
está bom tempo	the weather is good	faz calor	it's hot
está a chover	it's raining	faz frio	it's cold
está a nevar	it's snowing	faz mau tempo	the weather is bad
está calor	it's hot	faz sol	it's sunny
está encoberto	it's cloudy	faz vento	it's windy
está húmido	it's humid	neva	it's snowing
está mau tempo	the weather is bad	Como está a temperatura hoje?	What is the temperature today?
está nublado	it's cloudy	Que temperatura faz?	What is the temperature?
está sol	it's sunny	Que tempo faz no Verão?	How is the weather in summer?
está vento	it's windy	ter calor	to be hot
estar aborrecido	to be bored	ter fome	to be hungry
estar alegre	to be happy	ter frio	to be cold
estar triste	to be sad	ter medo	to be afraid
estar zangado	to be upset	ter pressa	to be in a hurry
estar com calor	to be hot	ter sede	to be thirsty
estar com fome	to be hungry	ter sono	to be sleepy
estar com frio	to be cold	ter vontade de	to feel like

PROFICIENCY ACTIVITIES

1 Using complete questions, ask a partner if he or she likes to do the following activities during his or her free time. If the answer is "yes" for any of the activities, ask the follow-up questions to get more details. Then, let your partner ask you the questions. When you and your partner have all the information about each other, write a well-organized, interesting paragraph about your partner's leisure-time activities.

   a) *Falar ao telefone.* Com quem? A que horas? Por quanto tempo? A que horas do dia podes falar? Há regras em casa para falar ao telefone?

   b) *Usar o computador.* Quando usas? De que tipo de computador gostas mais? De quem é o computador? Usas a Internet ou outro programa? Quem na família usa o computador. Com quem comunicas no computador?

   c) *Escutar um CD.* Que tipo de CD escutas? Compras muitos CDs e onde os compras? Escutas sozinho ou com amigos? Quanto custa um CD? Qual é o teu CD favorito?

   e) *Alugar um vídeo.* Quando alugas um vídeo? Qual é o teu vídeo favorito? Quanto custa alugar um vídeo?

2 Get together in groups of four or five. Talk about which of the following things each member of your group prefers. Choose one person to record each group member's preferences by putting his or her initials next to the items he or she enjoys. Report the results back to the class.

1. patinar	5. dançar o tango	9. preparar refrescos	13. andar com a malta
2. trabalhar	6. jogar futebol	10. tratar das plantas	14. estudar com amigos
3. jantar fora	7. gastar dinheiro	11. comprar um carro	15. esquiar no Inverno
4. nadar	8. tocar piano	12. falar português	16. conversar com os professores

3 Write where you can go to do each activity listed above, using *ir + a*. Be sure to review the contractions with the definite article in this chapter.

   Example: Gosto de jantar ~ Vou ao restaurante.

4 Team up with a partner and together review the verb *ir*. Then, pretend you each have a crystal ball. Look into your crystal ball and tell your partner what activities he/she is going to do this summer. Let your partner do the same for you. After you hear the prediction, write a paragraph comparing this with activities you really want to do this summer.

   Example: Your partner's crystal ball says: **Vais trabalhar todos os sábados e domingos.**
              Later you write: **Não desejo trabalhar, desejo descansar todos os dias.**

5 Pretend that you are going to seven different locations during the week. Tell your friend where, when and why you are going to these places. Make a schedule so that your friend will know where and when you are going. Include the dates and times. Make an activity for each item on the schedule.

6 Ask ten students in what season and month they celebrate their birthday, and what the weather is usually like on that day. Write down nothing; try to remember as much information as possible. Then, the class will divide into two lines, one on each side of the room. The first person in the line will try to name a person and the month of his or her birthday for two points. If he or she remembers the weather phrase given by that person, he or she will receive an extra point. Take turns, one student from each side at a time. If your birthday season and month are guessed correctly, take a piece of paper so that another student may not identify you again. Go through both lines as often as possible. Add up points after 10 minutes to see who wins.

7 Name three months of the year in which you have a school vacation. In which season does each vacation fall? Name a sport that is popular during each of those seasons. What activities do you like to do during these vacations and where can you do them?

8 Research important holidays celebrated in the countries/regions listed below that are **not** celebrated in your country or state on the same day. Be sure to list your sources of information.

a. Portugal
b. Angola
c. Timor
d. Guiné-Bissau
e. Açores, Portugal
f. Macau
g. Brasil
h. Moçambique
i. Cabo Verde
j. Madeira, Portugal
k. São Tomé e Príncipe

9 After gathering the information for **Activity 8**, tell which season each holiday is celebrated in and what the weather is like in that country/region on that day.

> **Example:** Portugal celebra o Dia de Portugal e das Comunidades no dia dez de Junho. É na Primavera e faz bom tempo.

10 Choose a major city in a Portuguese-speaking country and write a report stating what the weather will be like in the next three days.

11 Pretend that a travel company has sponsored a poetry contest and you have won $1,000 to take a vacation anywhere you want to go for the weekend. Write a paragraph telling the company where you are going, with whom you are going, the season and month you wish to go and which activities you would like to do during the weekend. Be creative and be sure to edit your work before passing it in. Check spelling, subject/verb agreements, noun/adjective/article agreements and contractions.

12 Listed below is Manuela's schedule for the week of December 9 through 15. Pretend that you and Manuela are making plans to do at least three activities together during the same week. Using complete sentences, write the day, date and time you'll do the activites.

> **Example:** *Eu e a Manuela temos um exame na terça-feira, dia onze de Dezembro.*

9	domingo	nadar, esquiar, jogar às cartas, escutar o rádio
10	segunda-feira	estudar, jogar futebol, escutar um CD
11	terça-feira	ter um teste, dançar, decorar a casa
12	quarta-feira	viajar para Portugal, estudar na biblioteca
13	quinta-feira	gastar dinheiro, tomar refrescos, andar com amigos
14	sexta-feira	trabalhar na loja, telefonar aos amigos, comprar roupa
15	sábado	descansar, gastar dinheiro para o Natal, tocar na orquestra

13 Write out each letter of your name in a column going down the left side of a sheet of paper. To the right of each letter, write as many verbs as you can remember that begin with the letter.

> **Example:** I   *interrogar, ir*
> R   *receber, rir*
> E   *escutar, entrar*
> N   *nadar, notificar*
> E   *examinar, estudar*

Miniature village at Portugal dos Pequeninos.
Photograph by *Márcia Matos.*

14 Tell what the people in Column #1 are going to do Friday night using *ir + a* and what they usually do (present tense) on Saturdays. Using one clue from each of the columns below, put together a complete sentence. You may choose any activity from each column. If you wish to add more you may, but be sure you edit each sentence for subject and verb agreement as well as adjective, noun and article agreements.

Example: **Eu** + *estudar na biblioteca* + *sábado trabalho no restaurante.*

Sexta-feira, eu vou estudar na biblioteca, sábado trabalho no restaurante.

Column 1	Column 2	Column 3
Eu	estudar na biblioteca	comprar gelados
Tu	trabalhar à noite	ajudar a mãe
O professor	falar com amigos	preparar uma lição
Nós	jantar no restaurante	treinar
Eles	alugar um vídeo	ir a uma festa
O director	conversar com amigos	jogar às cartas
A Lúcia	andar de bicicleta	falar português
Vocês	gastar dinheiro	dançar muito
Eu e o Carlos	pintar	escutar música brasileira

15 Pretend that it is Friday evening and you are talking on the phone with your best friend. You are describing the party that you are preparing for this Saturday. In a paragraph of at least eight sentences, tell your friend about the party and include the following information.

a) what you are celebrating

b) the date and time it is being held

c) who will be at the party

d) how are you decorating for the event

e) what types of activities are planned

f) what food you will be serving your guests

Add interesting information about the invited guests. You may wish to list 10-15 words that come to mind when you think of a party before you begin your paragraph. After you write your first draft, carefully edit your work and make necessary corrections. Be sure to edit for subject and verb agreement as well as adjective, noun and article agreements. Be as creative as possible. Think about cognates!

Students play music and dance at a rally in Lisbon.

O Lar, A Casa e A Família

Objectives

- Describe several types of houses

- Describe your house

- Describe rooms in your house

- Name furniture belonging in specific rooms

- Identify and describe family members

- State marital status

- Express possession

- Ask and respond to questions regarding possession

Leitura

A Drª. Ana Garcia é professora de Biologia numa escola secundária da Madeira. Ela mora num apartamento com a família. O edifício de apartamentos fica no Funchal, que é a capital da Madeira. Ela vai para a escola de carro. Antes de entrar na escola, ela passa por um café para tomar uma bica. No café, encontra o Dr. João Mota que também é professor na mesma escola. Ele ensina Álgebra e Geometria. O Dr. Mota mora numa vivenda que fica nos arredores do Funchal. A esposa do Dr. Mota, a D. Clara, trabalha numa firma de advogados. Ela vai de carro para o trabalho. O escritório está situado num edifício moderno no centro da cidade.

ACTIVIDADE

1 *Responde às perguntas.* Answer the questions.

1. Onde mora a Drª. Ana Garcia?
2. Quem mora com a Drª. Ana?
3. Onde fica o edifício de apartamentos da Drª. Ana?
4. Onde fica o Funchal?
5. Como vai a Drª. Ana para a escola?
6. Onde vai a Drª. Ana antes de ir para a escola?
7. Quem encontra a Drª. Ana no café?
8. Quem é o Dr. João Mota?
9. O Dr. Mota mora num apartamento ou numa vivenda?
10. Onde fica a vivenda do Dr. Mota?
11. Quem é a D. Clara?
12. Onde trabalha a D. Clara?
13. Como vai a D. Clara para o trabalho?
14. Como é o edifício onde trabalha a D. Clara?

Prédios em Belém

VOCABULÁRIO
Apartment Building

rés-do-chão	ground floor / first floor
primeiro andar	second floor
segundo andar	third floor
terceiro andar	fourth floor

What we call the "first floor" in the United States is called "rés-do-chão" meaning "ground floor" in Portugal. The next floor (what we call the "second floor") is called the "first floor" in Portugal.
Rés-do-chão is abbreviated r/c.

uma cidade

uma povoação / uma aldeia

um edifício de apartamentos numa vila

uma vivenda

um arranha-céus

Vocabulário

A Casa ~ The House

a chaminé

o sótão

a casa de banho
or
o quarto de banho

o quarto de cama

o quarto de estudo

a sala de estar

a cozinha

o quarto de jantar
or
a sala de jantar

a sala de visitas
or
a sala

a cave

ACTIVIDADE

2 *Responde às perguntas de acordo com a ilustração na página anterior.* Answer the questions as they refer to the house on the previous page.

1. Quantas divisões tem esta casa?
2. A casa tem uma chaminé?
3. A casa tem um jardim e um quintal?
4. A casa tem sótão?
5. O sótão tem uma janela?

6. Esta casa é grande ou pequena?
7. Quantas casas de banho tem?
8. Quantas cozinhas tem a casa?
9. A sala de jantar é grande?

VOCABULÁRIO	
a casa	house
a garagem	garage
o corredor	corridor
a varanda	veranda
o elevador	elevator
as escadas	stairs
a divisão	the room (division)
em casa	at home

o jardim

Photograph courtesy of James Sears

o telhado

o quintal

Photograph courtesy of James Sears

ACTIVIDADES

3 *Responde às perguntas acerca da casa onde moras.*
Answer the questions about the house you live in.

1. Tu moras numa casa ou num apartamento?
2. Quantos quartos de cama tem a casa onde moras?
3. Tem uma ou duas casas de banho?
4. A cozinha é grande ou pequena?
5. Tem uma ou duas salas de estar?
6. A sala de estar é grande ou pequena?
7. A casa tem um sótão?
8. Tem quintal?
9. Tu brincas no quintal?
10. Qual é a tua divisão favorita?

4 *Faz as perguntas da **Actividade 3** ao teu colega e compara as respostas dele com as tuas. Escreve um parágrafo, descrevendo as diferenças.* Ask your partner the questions from **Activity 3** and compare his/her answers with yours. Write a paragraph describing the differences.

Uma casa de azulejos em Cascais

Um palácio em Cascais

Estrutura

I. Presente do Indicativo dos verbos terminados em *-er* ~ *Present Indicative of* -er *verbs*

O Paulo vive em Évora.

You have learned how to conjugate verbs ending in *-ar*. These verbs belong to the first conjugation (verb group). Now we are going to learn the *-er* conjugation, which is the second conjugation.

All regular verbs that end in *-er* follow the same conjugation as the verb *viver* (to live). To form the present tense:

⇨ Take the infinitive of a verb

⇨ Drop the *-er* (the stem remains)

⇨ Add the appropriate ending for each subject pronoun

The Verb Viver ~ To Live

	Singular				Plural		
	STEM	ENDING	PRESENT TENSE		STEM	ENDING	PRESENT TENSE
eu	viv-	-o	vivo	nós	viv-	-emos	vivemos
tu	viv-	-es	vives	vós	viv-	-eis	viveis
você o senhor/a senhora ele, ela	viv-	-e	vive	vocês os senhores/as senhoras eles/elas	viv-	-em	vivem

Examples: Ele não **vive** em Boston. Os estudantes **vivem** em Porto Santo.
Nós **vivemos** numa casa grande.

MAIS VOCABULÁRIO
-er verbs

aprender	to learn	*entender*	to understand
*atender**	to attend	*escrever*	to write
beber	to drink	*meter*	to put / to place
comer	to eat	*receber*	to receive
compreender	to understand	*responder*	to answer / respond
correr	to run	*vender*	to sell

* *Atender* is also used to describe the act of answering the telephone or the door.

ACTIVIDADES

5 *Completa as frases com a forma correcta do presente do indicativo do verbo* **viver**. *Segue o exemplo.*
Use the correct conjugation of the verb **viver** to complete the sentences. Follow the example.

Exemplo: Eu_____em Lisboa.   *Eu vivo em Lisboa.*

1. Tu também_____ no Funchal?
2. Tu e eu_____ em Fall River.
3. Vós_____ na Terceira.
4. Aquela senhora_____no Funchal.
5. Ela não_____ em Coimbra, ____ em Ponta Delgada.
6. Este senhor_____ em Porto Santo.

6 *Associa o sujeito ao resto da frase. Não podes usar o mesmo sujeito mais que uma vez.* Match the correct subject pronoun with each sentence; you may not use the same pronoun twice.

Pronomes	Frases
Eu	compreendem bem a professora.
Nós	bebe sumo de laranja de manhã.
Você	recebes boas notas nos exames.
Eles	respondemos ao professor.
O senhor	escrevo na aula de Português.
Tu	vende sandes mistas na esplanada.
Ela	atendeis o telefone.
Vós	entende tudo na aula.
Vocês	aprendem português e espanhol.

7 *Preenche os espaços com a forma correcta do verbo indicado.* Fill in the blanks with the correct form of the given verb.

1. Nós _____ na sala de jantar. *(comer)*
2. Os alunos _____ português. *(aprender)*
3. Tu e eu _____ as frases. *(escrever)*
4. Tu e ele _____ boas notas. *(receber)*
5. Vocês não _____ nada. *(entender)*
6. Tu _____ o sumo de maracujá. *(beber)*
7. Ela _____ a todas as perguntas. *(responder)*
8. Você não _____ na escola. *(correr)*
9. Tu _____ o telefone em casa. *(atender)*
10. Eu _____ gelados no restaurante. *(vender)*

8 *Faz as seguintes perguntas ao teu colega.* Ask your partner the following questions.

1. O que bebes ao jantar?
2. Quem atende o telefone na tua casa?
3. Onde aprendes português?
4. Quem entende o professor na tua aula?
5. Tu escreves muito na aula de Português?
6. Onde vives?
7. O que recebes no teu aniversário?
8. Onde metes os livros?
9. O que comes ao almoço?
10. Tu corres depois das aulas?

9 *Completa com as formas correctas dos seguintes verbos.* Choose the appropriate verb from the list below and use the correct form to complete each sentence.

responder	atender	beber	compreender	correr
comer	escrever	receber	viver	vender

1. Eles _____ muitas sandes de chouriço.
2. Eu _____ as frases em português.
3. Eu e o João _____ às perguntas em português
4. Vocês _____ cinco quilómetros depois da escola.
5. O empregado _____ o cliente na esplanada.
6. A Joana _____ água mineral.
7. Nós _____ em Portugal.
8. O Sean Smith não _____ português.
9. O Sr. Almeida _____ carros.
10. Tu _____ boas notas na escola.

10 *Associa as palavras da **Coluna A** às palavras da **Coluna B**.* Choose a word from **Column B** that corresponds with a word in **Column A**.

Exemplo: 1. ___ compreender   a. *a lição*
      1. _a_ *compreender*

Column A
1. ____ aprender
2. ____ viver
3. ____ beber
4. ____ vender
5. ____ entender
6. ____ responder
7. ____ comer
8. ____ atender
9. ____ correr
10. ____ escrever

Column B
a. **perguntas**
b. **carros**
c. **português**
d. **sandes**
e. **quilómetros**
f. **a lição**
g. **o cliente**
h. **Portugal**
i. **carta**
j. **água mineral**

11 *Escreve uma frase com cada par de palavras. Segue o exemplo.* Write a sentence with each pair of words. Follow the example.

Exemplo: *Os alunos compreendem a lição.*

II. Os numerais ordinais ~ *Ordinal numbers*

The ordinal numbers act like adjectives and tell the order and rank of what they describe. Therefore, they agree in gender and number with the noun they modify.

first	primeiro / primeira / primeiros / primeiras
second	segundo / segunda / segundos / segundas
third	terceiro / terceira / terceiros / terceiras
fourth	quarto / quarta / quartos / quartas
fifth	quinto /quinta / quintos / quintas
sixth	sexto / sexta / sextos / sextas
seventh	sétimo / sétima / sétimos / sétimas
eighth	oitavo / oitava / oitavos / oitavas
ninth	nono / nona / nonos / nonas
tenth	décimo / décima / décimos / décimas
eleventh	décimo primeiro / décima primeira / décimos primeiros / décimas primeiras
twelfth	décimo segundo / décima segunda / décimos segundos / décimas segundas

The abbreviated forms — *1º, 2º, 3º*, etc. — are like the English *1st, 2nd, 3rd*…

Examples: O Filipe está no **décimo primeiro** ano.
A **terceira** aula é à uma e vinte e cinco.
Os três **primeiros** rapazes ganham um prémio.
As **segundas** alunas de cada fila são altas.

ACTIVIDADES

12 *Preenche os espaços com o numeral ordinal correcto.* Fill in the blanks with the correct form of the ordinal.

1. Outubro é o _____ mês do ano.
2. Sábado é o _____ dia da semana.
3. O _____ presidente dos E.U.A. foi George Washington.
4. O _____ mês do ano é Dezembro.
5. A-B-C são as três _____ letras do alfabeto.
6. Julho é o _____ mês do ano.
7. A _____ (first) aluna da aula é a Carla.
8. A _____ (fourth) aula é Matemática.
9. O _____ ano é o último ano da escola secundária.
10. Eu estou no _____ ano.

13 *Usando os numerais ordinais, faz perguntas ao teu colega sobre os meses do ano, dias da semana e aulas e depois ele faz-te perguntas.* Ask your partner, using ordinal numbers, about the months of the year, days of the week and his/her classes. Reverse roles.

Exemplo: *Qual é o terceiro mês do ano?* or *Qual é a primeira aula do dia?*

14 *Responde às perguntas.* Answer the questions.

1. O João mora numa vivenda e o quarto dele é no rés-do-chão. Qual é o equivalente nos E.U.A.?
2. O quarto de cama da D. Lurdes é no primeiro andar. Qual é o equivalente nos E.U.A.?
3. O António mora num apartamento, ele mora no terceiro andar. Qual é o equivalente nos E.U.A.?
4. Na vivenda da Guida, a cozinha é no rés-do-chão. Qual é o equivalente nos E.U.A.?
5. O Pedro mora no segundo andar. Qual é o equivalente nos E.U.A.?

VOCABULÁRIO

A Casa: As Divisões e o Mobiliário

O Sótão ~ Attic

as botas	boots
a caixa	box
a mala	suitcase

O Quarto de Estudo ~ Study

a secretária	desk
o sofá	couch
a estante	bookshelf

O Quarto de Banho ~ Bathroom

a banheira	bath tub
o chuveiro	shower
o lavatório	sink
o espelho	mirror
a sanita	toilet
o bidé	bidet

A Cozinha ~ Kitchen

o frigorífico	refrigerator
o fogão (a gás, eléctrico)	stove (gas,electric)
o forno	oven
o lava-louça	sink
os armários	cupboards
a bancada	counter top
a máquina de lavar a louça	dishwasher
o micro-ondas	microwave

O Quarto de Cama ~ Bedroom

a cama	bed
a mesa de cabeceira	night table
a cómoda	bureau
o candeeiro	lamp
o guarda-roupa	closet

A Sala de Estar ~ Living Room

o sofá	couch
a televisão	television
a poltrona	armchair
os quadros	pictures
a lareira	fireplace
a cadeira de baloiço	rocking chair

A Sala de Jantar ~ Dining Room

a mesa (de jantar)	dining room table
as cadeiras	chairs
o louceiro	hutch
a louça	china/dishes
os talheres	silverware
os garfos	forks
as colheres	spoons
as facas	knives
a cristaleira	hutch

A Cave ~ Basement

a máquina de lavar a roupa	washing machine
a máquina de secar a roupa	dryer
o cesto	basket
as escadas	stairs
o aquecedor	heating system

15 *Usando o esquema da casa da página 160, escolhe algumas peças de mobiliário e pergunta ao teu colega onde se encontram.* Using the sketch of the house on page 160, choose pieces of furniture and ask your classmate in which room you may find them.

Exemplo: *Em que quarto está a poltrona?* ***Na sala.***

16 *Com um colega, descreve as divisões da tua casa e identifica as peças de mobiliário de cada divisão.* Get together with a partner and describe your house to him or her, indicating the furniture in each room.

A chaminé é grande.

17 *Completa a série.* Complete the series with words that associate.

Exemplo: *A casa, a porta…* ***a janela, a chaminé, a garagem.***

1. A sala, o sofá…
2. A cozinha, o fogão…
3. A cave, a máquina de lavar roupa…
4. O quarto de cama, a cama, …

5. O quarto de banho, a banheira…
6. O quarto de estudo, a secretária…
7. A sala de jantar, a mesa…
8. O sótão, a mala…

18 *Identifica a divisão onde se encontram as seguintes peças de mobiliário.* Fill in the blanks with the name of the room where the following pieces of furniture may be found.

1. A poltrona está na _____.
2. A estante está no _____.
3. O louceiro está na _____.
4. O frigorífico está na _____.

5. O lava-louça está na _____.
6. A mesa de cabeceira está no _____.
7. A máquina de secar a roupa está na _____.
8. A televisão está na _____.

III. *Há* ~ There is, There are

The word *há* is used to express existence in the singular and plural. To say *there is* or *there are* use *há*. To say *there isn't* or *there aren't* use *não há*.

Examples: *Há* uma mesa na sala de jantar. *Não há* mesas na casa de banho.
Há um frigorífico na cozinha. *Não há* chuveiro no sótão.

Actividades

19 *Responde com frases completas.* Answer in complete sentences.

1. Quantas mesas há na sala de jantar?
2. Quantos estudantes há na aula de Português?
3. Há muitas divisões na casa onde tu moras?
4. Quantos dias há na semana?
5. Há dois professores na aula de Português?
6. Quantos quadros há na sala de aula de português?
7. Quantas raparigas há na turma de Português?

20 *Responde às perguntas acerca da casa onde moras.*
Answer the questions as they pertain to your home.

1. Quantos quartos de banho há?
2. Quantos quartos de cama há na casa onde moras?
3. Há um quintal?
4. O quarto de cama é grande ou pequeno?
5. Há sótão?
6. Tu moras num apartamento ou numa vivenda?
7. Quantas caves há?
8. Há uma ou duas cozinhas?

21 *Constrói uma casa de três dimensões e identifica as divisões e as peças de mobiliário de cada divisão.*
Make a three-dimensional house and identify the rooms and pieces of furniture in each room.

22 *Lê e responde às perguntas.* Read the following passage and answer the questions.

O Marco mora numa vivenda em Moçambique. Ele mora numa pequena povoação. Na casa dele há três quartos de cama, duas casas de banho, uma cozinha, uma sala de jantar e uma sala de estar. O Marco tem uma televisão na sala. Na casa do Marco não há cave, mas há um sótão onde ele arruma os livros. Na casa do Marco há um quintal grande, mas não há um jardim. O Marco gosta muito da sua casa.

1. Onde é que o Marco mora?
2. Na casa do Marco há uma cave?
3. Na casa do Marco há um jardim?
4. Como é o quintal da casa do Marco?
5. Quantos quartos de cama há na casa do Marco?
6. Na casa do Marco há uma ou duas casas de banho?
7. Onde é que o Marco arruma os livros?
8. Em que divisão está a televisão do Marco?

IV. Presente do Indicativo dos verbos terminados em -ir ~ *Present Indicative of* -ir *verbs*

Now we are going to learn the *-ir* verbs, which is the third conjugation. All regular verbs that end in *-ir* follow the same conjugation as the verb *partir*. To form the present tense:

⇨ Take the infinitive of a verb
⇨ Drop the *-ir* (the stem remains)
⇨ Add the appropriate ending for each subject pronoun

The Verb Partir ~ To Break or To Depart

	Singular				Plural		
	Stem	Ending	Present Tense		Stem	Ending	Present Tense
eu	part-	-o	parto	nós	part-	-imos	partimos
tu	part-	-es	partes	vós	part-	-is	partis
você / o senhor / a senhora / ele / ela	part-	-e	parte	vocês / os senhores / as senhoras / eles / elas	part-	-em	partem

Example: Ele *parte* para Portugal amanhã. Nós *partimos* o lápis.

Mais Vocabulário
-ir verbs

abrir	to open
assistir	to assist / attend
corrigir*	to correct
discutir	to discuss
dividir	to divide
insistir	to insist
partir	to break/to leave
unir	to unite

* In *corrigir*, the *g* changes to *j* in the first person (eu) in order to maintain the same sound.
Example: Eu corrijo os testes.
Ele corrige os exercícios.

Partir is followed by *para* when used as **to leave**.
Example: Ele *parte para* Angola às sete.

Os pescadores abrem as redes.

ACTIVIDADES

23 *Completa com o presente do indicativo do verbo* **partir**. Complete the sentences with the present indicative of the verb *partir*.

1. Eu _____ para o Machico às oito horas.
2. Tu _____ para a escola de autocarro.
3. Vós _____ para a vila à uma hora.
4. A Rita _____ para a França amanhã.
5. O rapaz alto _____ para Lisboa este Verão.
6. Tu e eu _____ para o Funchal em Outubro.
7. Esses senhores _____ para o Porto ao meio-dia.

24 *Responde com frases completas.* Answer the following questions in complete sentences.

1. Entendes português?
2. Quando partes para casa?
3. Aprendes muito na escola?
4. Escreves em português?
5. Onde vives?
6. Quem corrige os testes de português?
7. Tu abres o livro de Português na aula de Matemática?
8. Eles assistem ao espectáculo da Tuna da universidade?
9. Quem divide o bolo pelos amigos?
10. Tu comes sandes na cama?

25 *Faz as seguintes perguntas ao teu colega.* Ask your partner about these activities.

1. Does he/she eat well at lunch time.
2. What subjects does he/she learn in school.
3. Does he/she run after school.
4. Does he/she correct the tests.
5. Where does he/she live.
6. Does he/she attend concerts.
7. Does he/she write e-mail to a friend.

26 *Descreve as fotografias, recorrendo à seguinte lista de verbos.* Using the the list of verbs, write sentences describing the pictures.

lavar	trabalhar	preparar	assistir	estudar
beber	receber	comer	escrever	discutir

a

b

c

d

e

f

V. Verbos irregulares ~ *Irregular verbs*

A verb is considered irregular when it does not follow the conjugation rules for regular verbs. There are some irregular verbs in the three conjugations. We have already studied *ser, ter, estar*, and *ir*. All of these verbs are irregular. We are now going to study three more irregular verbs.

Ver ~ To See			Ler ~ To Read			Vir ~ To Come		
eu	*vejo*		eu	*leio*		eu	*venho*	
tu	*vês*		tu	*lês*		tu	*vens*	
você o senhor / a senhora ele / ela	*vê*		você o senhor / a senhora ele / ela	*lê*		você o senhor / a senhora ele / ela	*vem*	
nós	*vemos*		nós	*lemos*		nós	*vimos*	
vós	*vedes*		vós	*ledes*		vós	*vindes*	
vocês os senhores / as senhoras eles / elas	*vêem*		vocês os senhores/as senhoras eles / elas	*lêem*		vocês os senhores / as senhoras eles / elas	*vêm*	

* Notice the similarities between *ver* and *ler*. Also notice that the verb *vir* is very similar to the verb *ter* which you have already learned.

> **Examples:** Eles *vêem* televisão e *lêem* o jornal na sala.
> Eu *tenho* os livros na mochila quando *venho* para a escola

ACTIVIDADES

27 *Responde às perguntas.* Answer the questions below.

1. Tu vês TV no teu quarto? *(sim)*
2. Quem vê o João na escola? *(nós)*
3. Quem vem para a escola? *(os alunos)*
4. Ela lê o jornal na cozinha? *(sim)*
5. Eles vêm ao cinema? *(não)*
6. Eu vejo os alunos na aula? *(sim)*

28 *Preenche os espaços com a forma correcta do verbo entre parênteses.* Fill in the blanks with the correct form of the given verb.

1. Eu _____ à cidade muitas vezes. *(vir)*
2. Tu e eu _____ muitos filmes no cinema. *(ver)*
3. Tu _____ o jornal português todos os dias. *(ler)*
4. Aquele senhor _____ livros portugueses. *(ler)*
5. Vocês _____ muitos livros em casa. *(ler)*
6. Ele _____ o amigo no cinema. *(ver)*
7. Você _____ à biblioteca amanhã? *(vir)*
8. Eles _____ da escola cedo. *(vir)*
9. Tu _____ no quarto de estudo. *(ler)*
10. Eu _____ as crianças no quintal. *(ver)*

A Família

os avós

o tio

a mãe

a tia

o pai

a filha

o filho

os filhos

Mais Vocabulário

Masculino		Feminino		Plural	
o avô paterno	paternal grandfather	*a avó paterna*	paternal grandmother	*os avós*	grandparents
o avô materno	maternal grandfather	*a avó materna*	maternal grandmother		
o pai	father	*a mãe*	mother	*os pais*	parents
o marido	husband	*a esposa*	wife	*o casal*	couple
o filho	son	*a filha*	daughter	*os filhos*	children
o irmão	brother	*a irmã*	sister	*os irmãos*	siblings
o tio	uncle	*a tia*	aunt	*os tios*	aunts & uncles
o primo	cousin	*a prima*	cousin	*os primos*	cousins
o sobrinho	nephew	*a sobrinha*	niece	*os sobrinhos*	nieces/nephews
o neto	grandson	*a neta*	grandaughter	*os netos*	grandchildren
o sogro	father-in-law	*a sogra*	mother-in-law	*os sogros*	the in-laws
o genro	son-in-law	*a nora*	daughter-in-law		
o cunhado	brother-in-law	*a cunhada*	sister-in-law		

ACTIVIDADES

29 *Lê e responde às perguntas.* Read and answer the questions.

Esta é a família Sousa. O pai, o Sr. Alberto, tem 45 anos e a mãe, a D. Patrícia, tem 43. O casal tem três filhos—dois filhos e uma filha. Eles moram numa vivenda no Funchal, perto do Jardim Botânico. Os filhos são jovens. A Joana, a mais velha, tem dezassete anos. O José tem catorze anos e o António, o mais novo, tem oito anos. O José e a Joana andam na Escola Secundária do Funchal. O António vai de carro para a escola com o pai; ele anda* no primeiro ciclo. A Joana e o José vão de autocarro para a escola. Eles voltam para casa às três horas da tarde. Ao fim-de-semana os filhos do casal Sousa convivem com os primos.

1. Como se chamam os pais?
2. Quantos filhos tem o casal Sousa?
3. Quantas pessoas há na família Sousa?
4. Onde vive a família Sousa?
5. Como se chamam os filhos do casal Sousa?
6. Que idade tem a Joana?
7. Quem é o filho mais novo?
8. Quantos anos tem o António?
9. Quantos anos tem o *José*?
10. Como vai o António para a escola?
11. Em que ciclo anda* o António?
12. Como chega a Joana à escola?

*Use the expression *"andar na escola"* to express *"to attend school."*

30 *Completa as frases.* Complete the sentences.

1. O irmão do meu pai é meu _____.
2. O pai da minha mãe é meu _____.
3. A minha mãe é _____ da minha avó materna.
4. O filho do meu tio e da minha tia é meu _____.
5. O meu avô paterno é _____ do meu pai.
6. A mãe do meu pai é minha _____ .
7. A irmã da minha mãe é minha _____.
8. O filho do meu pai é meu _____.
9. A filha dos meus tios é minha _____.
10. A filha da minha mãe é minha _____.

31 *Completa as frases.* Complete the sentences.

1. Eu sou_____dos meus avós.
2. Eu sou_____do meu tio.
3. Eu sou_____do meu primo.
4. Eu sou_____ dos meus pais.
5. Eu sou_____da minha irmã.

Um casal

O pai e a filha

A mãe, a filha e a neta

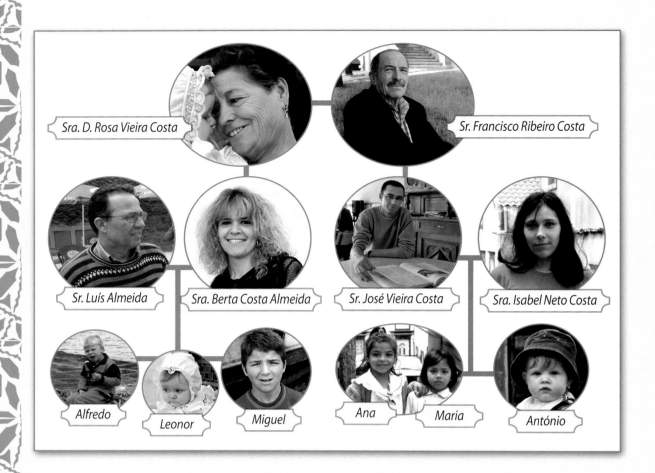

ACTIVIDADES

32 *Responde às perguntas de acordo com o esquema acima apresentado.* Answer the questions according to the diagram above.

1. Quem é o marido da D. Rosa?
2. O que é o Miguel ao António?
3. Quem é o pai do Alfredo?
4. O que é a Berta ao Luís Almeida?
5. O que é o Alfredo ao Sr. Francisco?
6. Quem são os filhos do José e da Isabel Costa?
7. O que é a Ana à Maria?
8. Quem é a tia do Miguel?
9. Quem é avó da Ana?
10. Quem é o marido da Berta Costa Almeida?

33 *A Maria descreve a família. Completa o seguinte parágrafo.* Complete Maria's description of her family by filling in the blanks.

> A minha família é muito interessante. Os meus _____ chamam-se José e Isabel. O meu _____ é Francisco Costa e a minha _____ é Rosa Costa. O meu _____ é o António. A Ana é a minha _____ mais velha. O meu pai tem uma irmã. Ela é a minha _____ Berta. Ela é muito simpática. Ela tem três _____; o Miguel, o Alfredo e a Leonor. Eles são meus _____. O pai deles é o meu tio Luís. Os meus primos e eu temos uns _____ muito simpáticos; o Francisco e a Rosa Costa.

34 *Escreve um parágrafo semelhante ao anterior, descrevendo a tua família.* Write a paragraph similar to the one above describing your family.

35 *Faz a árvore genealógica da tua família. Inclui os seguintes membros de família: avós, tios/tias, pais, irmãos/irmãs e primos.* Prepare your own family tree. Include the following relatives: grandparents, aunts, uncles, parents, brothers, sisters, cousins.

36 *Lê o diálogo.* Read the dialogue.

Ana Isabel:	*Pedro, tens primos?*
Pedro:	*Sim, tenho uma prima.*
Ana Isabel:	*Quantos anos tem ela?*
Pedro:	*Tem catorze anos. E tu tens primos?*
Ana Isabel:	*Não, não tenho primos. A minha mãe tem uma irmã, e ela ainda está solteira.*
Pedro:	*Quantos anos tem ela?*
Ana Isabel:	*Ela tem vinte e dois anos.*

MAIS VOCABULÁRIO

casado/a	married
solteiro/a	single
viúvo/a	widower / widow
separado/a	separated
divorciado/a	divorced

37 *Completa, segundo o diálogo.* Complete according to the dialogue.

1. O Pedro tem uma _____.
2. A prima dele tem _____ anos.
3. A tia da Ana Isabel tem _____ anos.
4. A Ana Isabel não tem _____.
5. Ela tem uma _____ solteira.

38 *Com um colega, escreve um diálogo semelhante ao da **Actividade 36**. Apresenta o diálogo à turma.* With a partner, create a dialogue similar to the one in **Activity 36**, and present it to the class.

Os pescadores são todos da mesma família.

39 *Responde às seguintes perguntas.* Answer the following questions.

1. Tens irmãos?
2. Tens uma irmã solteira?
3. Quantos irmãos tens?
4. Tens primos?
5. Quantas irmãs tens?
6. Quantos primos tens?
7. Tens irmãos casados?
8. Quantos tios tens?
9. Tens tios solteiros?
10. Quantas tias tens?
11. Quantos netos têm os teus avós?
12. Tens uma família grande ou pequena?

VI. Os Possessivos ~ *Possessives*

Words that express possession or ownership are called possessives. They must agree in gender and number with the nouns they modify. The following possessives precede nouns:

	Singular		Plural	
	Masculine	**Feminine**	**Masculine**	**Feminine**
my/mine	o meu	a minha	os meus	as minhas
your/yours (informal)	o teu	a tua	os teus	as tuas
your/yours (formal) *his, her/hers*	o seu*	a sua*	os seus*	as suas*
our/ours	o nosso	a nossa	os nossos	as nossas
your/yours *(more than one possessor)*	o vosso	a vossa	os vossos	as vossas
their/theirs	o seu*	a sua*	os seus*	as suas*

Examples: O *meu* automóvel é novo.   Tenho a *minha* bicicleta comigo.
Os *teus* primos estão aqui.   Ela tem livros na *sua* mochila.
As *nossas* férias são curtas.   Gostam do *vosso* apartamento?

Possessives agree in gender and number with the person or thing possessed (not with the person or thing possessing them as in English).

Examples: A D. Nicole chega no *seu* carro (her).   Ela lê os *seus* livros (her).
Eu estudo as *minhas* lições (my).   Elas estão no *seu* jardim (their).
Vejo o Luís com as *suas* amigas (his).

* To avoid ambiguity with the possessives *seu*, *sua*, *seus* and *suas*, substitute the following:

dele ~ his   **deles** ~ their (refers to either an all-masculine group or mixed group)
dela ~ hers   **delas** ~ their (refers only to a feminine group)

Example: *A Júlia fala com o Pedro sobre o seu exame.*

This sentence is ambiguous, it can mean:
A Júlia fala com o Pedro sobre o exame *dela*.
A Júlia fala com o Pedro sobre o exame *dele*.
A Júlia fala com o Pedro sobre o exame *deles*.

Possessives are not generally used with body parts, clothing or footwear. Instead, the definite article is used.

Examples: Ponho *o* boné na cabeça.   Você abre *a* boca.   Ela fecha *os* olhos.

Note: In Portuguese, both the possessive adjective and pronoun have the same forms. The difference in usage is: the possessive adjective precedes a noun and the possessive pronoun does not. It substitutes the noun.

Example: O *meu* carro é azul, mas o *teu* é cinzento.

ACTIVIDADES

40 *Preenche os espaços com os possessivos.* Fill in the blanks with the possessives.

1. _____ pai *(my)*
2. _____ tio *(her)*
3. _____ irmão *(our)*
4. _____ irmão *(his)*

5. _____ avô *(your, plural ownership)*
6. _____ pais *(your, informal)*
7. _____ primos *(theirs)*

8. _____ mãe *(your, formal)*
9. _____ avó *(my)*
10. _____ irmã *(our)*

41 *Pergunta ao teu colega onde está o seguinte e depois ele faz-te as mesmas perguntas. Segue o exemplo.* Ask your partner where the following subjects can be found. He/she should answer in complete sentences using the information given to the right of the slash mark. Then, switch roles.

Exemplo: a bicicleta/garagem
Joana, onde está a tua bicicleta? A minha bicicleta está na garagem.

1. o irmão/em casa
2. as irmãs/na escola
3. os primos/no quarto de cama
4. o automóvel/na garagem
5. os pais/no cinema

6. a mãe/na cozinha
7. o cão/no quintal
8. o gato/na sala
9. os livros/na estante
10. o professor/na aula

42 *Responde às perguntas, com frases completas.* Answer the questions using complete sentences.

1. Em que rua fica a tua escola?
2. As tuas aulas são interessantes?
3. Como são os teus colegas?
4. Gostas dos teus professores?
5. A tua cama é grande ou pequena?
6. Gostas da tua cozinha?
7. Gostas da tua escola?

8. A tua escola é básica ou secundária?
9. Em geral, os teus professores são simpáticos?
10. As tuas turmas são grandes ou pequenas?
11. Quem é a tua professora de português?
12. O teu quarto de cama é bonito?
13. O teu quintal tem muitas flores? (flowers)
14. Qual é a nacionalidade do professor de português?

43 *Pergunta ao teu colega como são os seguintes membros da sua família e depois ele faz-te as mesmas perguntas. Segue o exemplo.* Ask your partner what his/her family members look like. Then let your partner ask you the questions. Follow the example.

Exemplo: *prima* Como é a tua *prima*? A minha *prima* é alta e tem cabelo castanho.

1. tio
2. avó

3. irmã
4. irmão

5. primo
6. prima

7. tia
8. mãe

9. avô
10. pai

44 *Completa com a forma correcta dos possessivos.* Complete with the correct possessive.

Isto é o meu barco.

1. ___ *(my)* pais vão muitas vezes passar o fim-de-semana para a ___ *(our)* casa na praia. Eles levam a ___ *(my)* bicicleta no ___ *(their)* carro. Eles também levam os ___ *(my)* avós que gostam muito de estar na praia.
2. Tu levas sempre os _____ *(your)* patins para o parque. Quando os _____ *(your)* amigos chegam, vocês patinam juntos.
3. A Maria convida o _____ *(her)* amigo Marco.

VII. More Irregular Verbs

The following verbs are irregular, but if you look carefully you will notice that in the present tense only the first person singular (*eu*) does not follow the rule of conjugating regular verbs.

Ouvir ~ To hear / To listen to		Poder ~ To be able to / may		Pedir ~ To ask for	
eu	*ouço*	eu	*posso*	eu	*peço*
tu	*ouves*	tu	*podes*	tu	*pedes*
você / o senhor / a senhora / ele / ela	*ouve*	você / o senhor / a senhora / ele / ela	*pode*	você / o senhor / a senhora / ele, ela	*pede*
nós	*ouvimos*	nós	*podemos*	nós	*pedimos*
vós	*ouvis*	vós	*podeis*	vós	*pedis*
vocês / os senhores / as senhoras / eles / elas	*ouvem*	vocês / os senhores / as senhoras / eles / elas	*podem*	vocês / os senhores / as senhoras / eles / elas	*pedem*

Examples: Você **ouve** música enquanto (while) estuda.
Eu não **posso** ir ao cinema.
Eles **pedem** dinheiro aos colegas.

Actividades

45 *Faz dez perguntas ao teu colega, usando os seguintes verbos. Segue o exemplo.* Make up ten questions with the verbs below. Take turns asking and answering the questions with your partner.

Exemplo: pedir *Pedes dinheiro ao teu pai?   Sim, peço dinheiro ao meu pai.*

ver	ler	ouvir	ir	ser
vir	poder	pedir	ter	estar

Cabines telefónicas

46 *Escreve uma frase com cada conjunto de palavras abaixo apresentado. Nota que as palavras não estão em ordem.* Write sentences with each grouping of words. Notice that the words are scrambled.

1. O / pedir / estudante / a / livro
2. Clássica / ouvir / eu / na sala / música
3. Ir / ao / eles / poder / cinema / amanhã
4. TV / à / tu / ver / noite / no quarto de cama
5. Ler / o / português / no quarto de estudo / livro / nós / de
6. Da / a pé / escola / vir / eu

47 *Lê o parágrafo e responde às perguntas.* Read the paragraph and answer the questions.

É a festa de aniversário do Luís, e há muitas pessoas na casa dele. O Luís está na cozinha com dois amigos. Eles comem sandes mistas e bebem refrigerantes. A Joana e a Carolina estão na sala e vêem televisão, lêem revistas e ouvem música. Os outros amigos estão na sala de jantar. Eles comem pregos e bebem sumo de laranja. Depois, vão todos para a sala onde dançam e ouvem música. O Luís gosta muito de festas.

1. De quem é a festa de anos?
2. Onde está o Luís?
3. Quem está na festa do Luís?
4. Onde comem as sandes mistas?
5. Que comem na sala de jantar?
6. Onde ouvem música?
7. Onde vêem televisão?
8. Quem gosta muito de festas?
9. Quantas pessoas há na cozinha?
10. Quantas pessoas há na sala?

48 *Escreve um parágrafo sobre uma festa de aniversário.* Pretend you are at a birthday party. Describe the various activities in a paragraph.

49 *Completa as frases com a forma correcta do verbo entre parênteses.* Complete the sentences with the correct form of the verb in parentheses.

1. O professor _____ os alunos. *(ouvir)*
2. As raparigas _____ um filme bom. *(ver)*
3. Eu _____ o jornal todos os dias. *(ler)*
4. Eles _____ ir ao cinema. *(poder)*
5. Eu _____ o lápis ao estudante. *(pedir)*
6. Tu nunca _____ a janela. *(abrir)*
7. Estes estudantes _____ bem o quadro. *(ver)*
8. Ele e o amigo _____ do Rio de Janeiro. *(vir)*
9. Vocês _____ sempre na escola. *(comer)*
10. A minha tia _____ música na sala. *(ouvir)*
11. Tu e eu _____ o livro de Inglês. *(ler)*
12. Eu _____ música enquanto _____. *(ouvir/estudar)*

Os alunos vão visitar o Oceanário no Parque da Expo.

VIII. Alguns Advérbios ~ *Some Adverbs*

sempre	always	quase sempre	almost always
nunca	never	nem sempre	not always
às vezes	sometimes	de vez em quando	once in a while

Examples: Ele estuda *sempre* para os testes.

Às vezes, nós chegamos tarde à escola.

Eu *nunca* estudo para os testes de Português.

ACTIVIDADES

50 *Responde às perguntas, usando o advérbio adequado.* Answer using the appropriate adverb.

Exemplo: Lês o jornal? ***Nem sempre leio o jornal.***

1. Bebes água?
2. Lês revistas portuguesas?
3. Ouves música francesa?
4. Bebes café?
5. Preparas a comida em casa?

6. Comes salada com a refeição?
7. Lês poesia na aula de Matemática?
8. Tens boas notas nos teus exames?
9. Bebes chá *(tea)* com leite?
10. Tu vês televisão na escola?

51 *Lê o texto e escreve uma lista de sete palavras que são semelhantes ao inglês.* Read the text and list seven words that are similar to the English.

Em Portugal, muitas pessoas que vivem em vilas ou cidades moram em edifícios de muitos andares. É raro ver muitas vivendas nos centros urbanos. Nos subúrbios, é possível ver mais vivendas com quintais e jardins. As pessoas que moram em grandes edifícios, geralmente usam elevadores. No entanto, nos prédios pequenos podem usar escadas. As pessoas alugam ou compram os apartamentos. A família Mota prefere viver nos arredores do Funchal, numa vivenda. Toda a família gosta da natureza e prefere o ar livre.

"Cruzinhas do Faial, Madeira."
Painting by Joseph Souza, courtesy of the artist.

52 *Completa as frases, de acordo com a texto da **Actividade 51.*** Complete the sentences based on text in **Activity 51**.

1. A maioria das pessoas _____ em vilas ou cidades.
2. É _____ ver muitas vivendas nos centros urbanos.
3. Nos _____ pequenos _____ usar escadas.
4. As pessoas _____ ou _____ os apartamentos.
5. A família Mota _____ viver nos arredores do Funchal.

53 *Escreve um parágrafo (máximo dez linhas) descrevendo onde preferes viver e porquê. Começa assim, "Eu prefiro viver…"* Write a paragraph (maximum 10 lines) describing where you prefer to live and why. Begin with "Eu prefiro viver…"

Pronúncia

The letters *j* and *g*	Examples	
The Portuguese *j* is always pronounced as the *s* in pleasure:	*j*anela (window)	can*j*a (chicken soup)
The Portuguese *g* in the combinations *ge* or *gi* is pronounced like the *j*.	*ge*nte (people) *ge*lo (ice)	*gi*rafa (giraffe) ima*gi*nar (to imagine)
The Portuguese *g* in the combinations *go*, *ga* or *gu* is pronounced like the English *g* in *gate*.	fi*go* (fig) se*gu*ndo (second)	*ga*sosa (soda)
The Portuguese *g* in combinations *gue* and *gui* is ususally pronounced as *g* in *gate*, and the letter *u* is not pronounced.	*gui*ar (to drive)	portu*guê*s (Portuguese)
The Portuguese *gua* is always pronounced as *gwa*.	á*gua* (water)	*gua*rda (guard)

Letter groups *lh* and *nh*

lh is pronounced like the *ll* of million:	mi*lh*o (maize) mu*lh*er (woman)	fo*lh*a (leaf) fi*lh*a (daughter)
nh is pronounced like the *ny* in canyon:	so*nh*o (I dream) u*nh*a (fingernail)	vi*nh*o (wine)

Water and windows are everywhere at World Expo, which features an oceanarium, shopping mall, fountains and modern architecture.

Recapitulação

54 *Lê o parágrafo.* Read the following passage.

O Estêvão mora na cidade de Évora, uma cidade e muito bonita. O Estêvão mora num edifício de apartamentos modernos. No apartamento dele há dois quartos de cama, uma cozinha pequena, uma casa de banho e uma sala de jantar. No apartamento não há sótão, mas o prédio tem uma cave onde se encontram as máquinas de lavar e de secar roupa. O Estêvão gosta muito do apartamento porque a cozinha é pequena e ele não gosta de cozinhar e também porque não há quintal, por isso ele não tem que cortar a relva.

55 *Responde às perguntas.* Answer the questions based on the passage above.

1. Onde mora o Estêvão?
2. Como é a cidade onde ele mora?
3. Em que tipo de casa mora o Estêvão?
4. Quantos quartos de cama há no apartamento do Estêvão?
5. Como é a cozinha?
6. No apartamento há uma ou duas salas de jantar?
7. Onde se encontra a máquina de lavar roupa?
8. Porque é que o Estêvão gosta muito do apartamento?

VOCABULÁRIO

cortar	to cut
cozinhar	to cook
relva	grass

56 *Completa as frases com as formas correctas dos verbos entre parênteses.* Complete the sentences with the appropriate forms of the verbs given.

1. Os alunos _____ português. (aprender)
2. A Marília _____ o telefone. (atender)
3. Eles _____ boas notas. (receber)
4. O Ricardo _____ em Portugal. (viver)
5. Vocês _____ bem a lição. (entender)
6. Tu _____ limonada na esplanada. (beber)
7. Eu ____ na cantina com os meus amigos. (comer)
8. Nós _____ às perguntas do professor. (responder)
9. Tu e eu _____ bem em português. (escrever)
10. O senhor ____ pastéis de bacalhau no café. (vender)

57 *Preenche os espaços com a informação correcta.* Fill in the spaces below with the correct answer.

1. O rés-do-chão em Portugal é o _____ andar nos Estados Unidos.
2. O terceiro andar em Portugal é o _____ andar nos E.U.A.
3. O quinto andar em Portugal é o _____ andar nos E.U.A.
4. O décimo segundo andar em Portugal é o _____ andar nos E.U.A.
5. O primeiro andar em Portugal é o _____ andar nos E.U.A.

58 *No final de uma competição internacional de futebol foi esta a classificação. Escreve por extenso a posição de cada país.* At the end of an international soccer competition these countries placed in the following order. Fill in the blank with the suggested placement.

Exemplo: O Brasil está em _____ (2º) lugar. *O Brasil está em segundo lugar.*

1. A França está em _____ (8º) lugar.
2. A Inglaterra está em _____ (4º) lugar.
3. Portugal está em _____ (5º) lugar.
4. A Espanha está em _____ (11º) lugar.
5. O México está em _____ (6º) lugar.
6. A Alemanha está em _____ (1º) lugar.
7. A Itália está em _____ (3º) lugar.
8. A Polónia está em _____ (9º) lugar.
9. A Argentina está em _____ (10º) lugar.
10. A Irlanda está em _____ (12º) lugar.

59 *Completa com o numeral ordinal correcto.* Complete the sentences with the correct ordinal number.

1. Segunda-feira é o _____ dia da semana.
2. Fevereiro é o _____ mês do ano.
3. A aula de Português é a _____ aula do dia.
4. Sexta-feira é o _____ dia da semana.
5. Julho é o _____ mês do ano.
6. Eu estou no _____ ano de escolaridade.
7. Outubro é o _____ mês do ano.
8. Dezembro é o _____ mês do ano.
9. Quarta-feira é o _____ dia da semana.
10. Setembro é o _____ mês do ano.

60 *Indica três peças de mobiliário que se encontram nas seguintes divisões da casa.* Indicate three pieces of furniture one may find in the rooms below.

1. Quarto de cama _____ _____ _____.
2. Cozinha _____ _____ _____.
3. Sala _____ _____ _____.
4. Cave _____ _____ _____.
5. Casa de banho _____ _____ _____.

Facade above the arcade at Praça do Giraldo.

61 *Completa a série.* Complete the series.

1. Banheira, …
2. Louceiro, …
3. Fogão, …
4. Sofá, …
5. Estante, …
6. Mesa de cabeceira, …

62 *Responde às perguntas sobre a sala de aula de português.* Answer questions about your Portuguese class.

1. Quantos quadros há na sala?
2. Quantos alunos há na turma de português?
3. Quantas portas há na sala?
4. Quantas secretárias há na sala?
5. Quantas carteiras há?

Praça do Giraldo is a popular spot for friends to meet and make conversation. Surrounded by pavement cafés and a public arcade, its centerpiece is the sixteenth-century marble fountain topped by a bronze crown.

As pessoas frequentam este café

Eles jogam futebol na praia.

63 *Preenche os espaços com a forma correcta dos verbos entre parênteses.* Fill in the blanks with the correct form of the verbs in parentheses.

1. Você _____ bem o professor. (compreender)
2. Vós _____ aos concertos. (assistir)
3. As estudantes _____ os exercícios. *(escrever)*
4. Tu e eu não _____ nada de futebol. (perceber)
5. Tu não _____ hoje, _____ amanhã. (partir)

6. O Zé _____ televisões. *(vender)*
7. Eu e o Toni _____ português. (aprender)
8. Eu _____ os testes dos alunos. (corrigir)
9. Vocês _____ a porta todos os dias. (abrir)
10. Você nunca _____ café. (beber)

64 *Completa as frases com as formas correctas dos verbos entre parênteses.* Complete with the appropriate forms of the verbs given.

1. Eu _____ português na escola, mas a Rita e a Joana _____ inglês e o Zé _____ espanhol. (aprender)
2. Você não _____ alemão, mas eles _____ muito bem e eu também _____ bem. (compreender)
3. Tu _____ café , nós _____ chá e você _____ sumo de laranja. (beber)
4. O Carlos e o primo _____ às perguntas em português, eu _____ em inglês e tu _____ em francês. (responder)
5. O meu pai _____ amanhã para a Madeira, eu e a minha mãe _____ sábado e os meus avós _____ na terça-feira. (partir)
6. A Dina _____ uma sandes mista, aqueles rapazes _____ uma sandes de queijo, mas nós _____ um prego. (comer)
7. A Raquel não _____ português bem e eu também não _____, mas o Carlos e a Marta _____ muito bem. (escrever)
8. A Carla e a Nicole _____ os livros, tu e eu _____ os cadernos e o Bruno _____ a mochila. (abrir)
9. Eu _____ boas notas, a Ana também _____ boas notas, mas o André e o Miguel não _____ boas notas. (receber)

As meninas estão no jardim infantil.

65 *Completa as frases com as formas correctas dos verbos:* **ler, ver, vir.** Complete each sentence with the correct form of one of the following verbs: *ler, ver, vir*.

1. Eles _____ o jornal todos os dias.
2. Tu não _____ para a escola amanhã
3. Vocês _____ ao centro comercial.
4. Você _____ o programa no teatro.

5. Às sextas-feiras, eu _____ o Roberto no cinema.
6. Tu e eu _____ muitos livros.
7. Eu _____ muitas pessoas na praia.
8. O senhor _____ o jogo de futebol na televisão.

66 *Faz as seguintes perguntas ao teu colega.* Ask your partner the following questions.

1. Does he/she read the newspaper?
2. Does he/she watch TV after school?
3. Does he/she come to school early or late?
4. What time does he/she come to school?
5. What TV program does the family prefer?
6. Do you read books in your English class?

67 *Responde às perguntas usando o seguinte esquema.* Answer the questions according to the diagram.

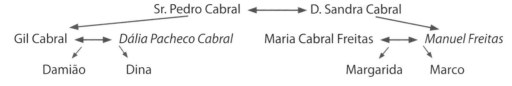

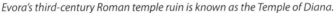

1. Quem é o pai do Gil?
2. Quem é o primo da Dina?
3. Quem é o avô do Marco?
4. Quem são os primos da Margarida?
5. Quem é o irmão da Margarida?
6. A D. Sandra é a esposa do Sr. Pedro?
7. Quem são os filhos do Gil?
8. Quem é o marido da Maria?
9. A Dália é a tia da Margarida?
10. Quem são os netos da D. Sandra?
11. Quem são os avós do Damião?
12. Quem é a nora da D. Sandra?
13. Quem é o genro do Sr. Cabral?
14. A Maria e o Manuel são tios da Dina?

Evora's third-century Roman temple ruin is known as the Temple of Diana.

68 *Completa de acordo com o esquema da **Actividade 67**.* Refer to the diagram in **Activity 67** and complete.

1. A Dina é a _____ do Damião.
2. A Maria é a _____ do Manuel.
3. O Gil é o _____ da Dina.
4. O Marco é o _____ da Margarida.
5. O Sr. Pedro é o_____da Margarida.

6. A Dália é a _____ do Damião.
7. A D. Sandra é a _____ do Manuel.
8. O Marco é o _____ do Damião.
9. A Maria é a _____ da Dina.
10. O Manuel é o _____ do Marco.

69 *Completa as frases com o possessivo correcto.* Complete the sentences with the correct possessive.

1. A _____caneta está na carteira. (my)
2. Os _____ livros estão na mochila. (our)
3. A Rosa estuda no _____quarto. (her)
4. A _____ avó tem muito sono. (our)

5. Os alunos estudam para os _____ exames. (their)
6. A _____ mota é grande e bonita. (your, informal)
7. As _____ primas não estão em casa. (your, formal)
8. A rapariga tem os _____ cadernos. (my)

70 *Constrói três frases com cada um dos verbos:* **ouvir**, **pedir**, **poder**. *Make up three sentences for each of the verbs:* **ouvir, pedir, poder.**

71 *Usando advérbios, indica quando acontece o seguinte.* Answer the following questions using adverbs.

1. Quando chove no Verão?
2. Quando estudas para Português?
3. Quando cai neve no Rio de Janeiro?

4. Quando vais ao centro comercial?
5. Quando falas alemão?

Igreja do Espírito Santo (now part of the Universtiy) rises above Evora's narrow Moorish streets.

At the center of town is Evora's Gothic-style Cathedral, which was completed in the13th century.

Cultura ~

WELCOME TO ÉVORA

Igreja de São Francisco

"Back to the Past" is what comes to mind when we speak of the Alentejo region. The influences of Portugal's ancient cultures are evident throughout the region. In the south, for example, we see the typical town square—and whitewashed houses trimmed in deep blue—which highlight the influence of the Moors who once occupied the area.

The capital of the region is the walled city of Évora, which was named a "World Heritage Site" by UNESCO in 1986. On the city's outskirts are large farms called "latifúndios," first created in Roman times. These farms produced the largest supply of wheat for the Roman Empire. Near the frontier, we can see the remains of the walled fortifications that also date back to the Roman Empire.

Évora is a city filled with historical landmarks as well as offbeat sites such as "Alley of the Unshaven Man," the "Street of the Countesses Tailor," and the "Chapel of Bones." This chapel, part of "Igreja de São Francisco," was created in the 17th century from the remains of 5,000 monks.

As we go toward the center of the city, we come to the "Praça do Giraldo." This is the fountain area that brought the first water into town via the aqueducts. A native named Francisco Arruda built the "Aqueduto da Água da Prata," meaning "the aqueduct of the silver water," in the 1530s. It was considered a remarkable feat of construction and is described in the epic poem "Os Lusíadas."

As we walk through the city, it is impossible not to notice the "Sé Catedral." This cathedral took more than 60 years to build, beginning in 1186 and ending with the completion of the final granite cathedral of Santa Maria in 1250. A blend

Engraved above the entrance to the "Capela dos Ossos" (Chapel of the Bones) is the inscription, "These bones are waiting for your bones."

The fountain in the Largo das Portas de Moura is called "Renascença."

Cadaval Palace

Towers of the Cathedral

Ruins of the Temple of Diana

of Gothic and Roman architecture, it looks a bit like a castle with turreted towers.

Next, we visit the "Templo de Diana" dedicated to the goddess Diana, built in the 2nd or 3rd century, and take a Megalith Tour, which will transport us back to 2,000 B.C. to 4,000 B.C.! Archaeologists believe that this is a community where people from the Neolithic period buried their dead along with their possessions.

Alentejo is rich in natural resources and scenic beauty as well as history. The area is known for its rolling wheat fields and its olive and cork trees that shimmer like silver in the summer sunlight. The Roman "latifúndios" continue to produce wheat for the Alentejo region today. In the summer, many of the fields are covered with a variety of colorful flowers giving the landscape the look of an impressionistic painting.

Praça do Giraldo and Igreja de Santo Antão

Sculptures of the apostles decorate the main entrance of the Cathedral.

Pottery vendors spread their wares along the ancient sidewalks of Evora.

Holm oak woodlands grace the countryside surrounding Evora. Holm oak is harvested for making cork.

Groves of evergreen cork oak known as "quercus suber" give this area a thriving industry. Portugal is the world's largest cork producer, turning out nearly 30 million corks a day. It was the monk Dom Pérignon who first used the cork as a seal for wine in the 17th century. Harvesting the cork is a difficult task. The mature trees are stripped every ten years to show a raw red undercoat until their new bark grows back.

If we travel north, we find "Alter Do Chão," home of the Portuguese Royal horses called the "Alter Real." Another point of interest in Alentejo is the town of Estremoz, home to marble quarries that produce some of the world's finest white and pink marble. Portugal is the second largest marble exporter in Europe.

Évora is situated in a great agricultural region. It is known as the "Museum City," and it is also the site for industries such as cork, leather, woolen goods, pottery and woodcrafts. We can stroll along the Rua 5 de Outubro and see many shops that are famous for these products. Then, we can stop at one of the fine restaurants serving a very popular Portuguese dish, "Carne de Porco à Alentejana" (pork with clams). This dish is also popular today in New England, U.S.A. where many Portuguese immigrants have brought this famous recipe. After enjoying this sumptuous dish, we will have to call it a day so that we can rest up for our journey south to the region known as the Algarve.

A street in the old city

Skulls and bones packed high and deep on the walls of the Chapel of the Bones.

Antiques and novelties shop

VOCABULÁRIO

abrir	to open	*entender*	to understand
aldeia (a)	village	*escadas (as)*	stairs
andar (o)	floor	*esposa (a)*	wife
aniversário (o)	anniversary / birthday	*estante (a)*	bookcase
apartamento (o)	apartment	*família (a)*	family
aprender	to learn	*festa (a)*	party
aquecedor (o)	heating system	*filha (a)*	daughter
arranha-céus (o)	skyscraper	*filho (o)*	son
assistir	to assist / to attend (be present at)	*fogão (o)*	stove
atender	to attend to / to answer the phone	*forno (o)*	oven
avó (a)	grandmother	*frigorífico (o)*	refrigerator
avô (o)	grandfather	*gato (o)*	cat
Baixa (a)	downtown	*há*	there is, there are
bancada (a)	counter	*insistir*	to insist
banheira (a)	bathtub	*jardim (o)*	garden
beber	to drink	*jovem*	youth / young
bicicleta (a)	bicycle	*lavatório (o)*	bathroom sink
bonito	pretty	*ler*	to read
cadeira (a)	chair	*louceiro (o)*	hutch
cadeira de baloiço (a)	rocking chair	*mãe (a)*	mother
caixa (a)	box	*mala (a)*	suitcase
cama (a)	bed	*máquina de lavar roupa (a)*	washing machine
candeeiro (o)	lamp	*máquina de secar roupa (a)*	dryer
cão (o)	dog	*marido (o)*	husband
casa (a)	house	*mesa (a)*	table
casa de banho (a)	bathroom	*mesa de cabeceira (a)*	night table
chuveiro (o)	shower	*meter*	to put / to place
cidade (a)	city	*mulher (a)*	wife, woman
comer	to eat	*neta (a)*	grandaughter
cómoda (a)	bureau	*neto (o)*	grandson
compreender	to comprehend	*novo*	new/ young
corrigir	to correct	*ouvir*	to listen to
cozinha (a)	kitchen	*pai (o)*	father
criança (a)	child	*pais (os)*	parents
cristaleira (a)	hutch	*partir*	to leave / to depart / to break
dividir	to divide	*perceber*	to understand / to perceive
edifício (o)	building	*poltrona (a)*	armchair

povoação (a)	hamlet	*secretária (a)*	desk
preferir	to prefer	*sobrinha (a)*	niece
prima (a)	female cousin	*sobrinho (o)*	nephew
primo (o)	male cousin	*sofá (o)*	sofa
quadro (o)	picture	*sótão (o)*	attic
quarto de cama (o)	bedroom	*telhado*	roof
quarto de estudo (o)	study room	*tia (a)*	aunt
quintal (o)	backyard	*tio (o)*	uncle
receber	to receive	*unir*	to unite
rés-do-chão (o)	first floor	*velho*	old
responder	to answer, to respond	*vender*	to sell
sala (a)	living room	*ver*	to see, to watch
sala de estar (a)	family room	*vila (a)*	town
sala de jantar (a)	dining room	*vivenda (a)*	single family house

EXPRESSÕES

nunca	never	*às vezes*	sometimes
de vez em quando	once in a while	*sempre*	always
quase sempre	almost always	*nem sempre*	not always

Casa Cordovil's Moorish-style balcony.

Wing of Holy Spirit College, built in 1559.

Detail of tower on Igreja de Santo Antão

PROFICIENCY ACTIVITIES

1. Draw an apartment building with 12 floors and label each floor. Name the building and write next to each floor the name of the company that occupies that floor of the building.

Apartment building in Lisbon

2. You have won a contest and will be flying to Rio de Janeiro to celebrate Carnival with some of the most famous people in the world. You are now on the plane heading for Rio and you are writing down the names and seat numbers of all the famous people on the plane. Name at least 12 different persons who are flying with you.

   Example: *No primeiro lugar está o director do Hospital de São Pedro.*

3. You will now change seats. Your teacher will have strips of paper with different seat numbers listed on each and a roll of the class. The teacher calls out the first slip and assigns the seat to someone in the class. That person moves to that seat and calls out the next move and name. Do this until everyone is in a new seat.

   Example: *O segundo lugar na terceira fila (o Carlos).*

4. Work with a partner and tell each other the names of classes you have on each school day .

   Example: *À segunda–feira, a minha primeira aula é Biologia.*

5. Find out if you have any of the same classes and write down when you may be seated next to each other.

6. Listen and pronounce the following words after your teacher. Can you guess what these words mean?

médico	professor	secretário	artista	capitão
mecânico	carpinteiro	pianista	sargento	electricista
actriz	actor	piloto	violinista	general
músico	polícia	engenheiro	arquitecto	estudante

7. Using the word "*há*," write ten questions asking your partner if there are members in his/her family involved in the professions listed above. Once your questions are ready, you will have five minutes to move around the room and ask your classmates the same questions. You will then report back to your partner and inform him/her how many others in class have relatives with similar occupations or professions.

8. Listen and pronounce these household items with your teacher. Do you know what they are?

a televisão	o computador	o sofá	a máquina de café
o rádio	a calculadora	a secretária	a máquina de lavar roupa
o CD	o dicionário	o vídeo	a máquina de lavar louça
o telefone	a cassete	o piano	a máquina fotográfica
os livros	o jornal	a lanterna	o álbum de fotografias
as plantas	o relógio	o champô	a pasta de dentes
a torradeira			

9. Ask your partner if the items listed above are in his/her house and in which rooms are they located.

10 Find pictures from magazines that illustrate houses, their rooms and their surroundings. Choose at least ten photos and make a collage. With a partner brainstorm at least 10 to 15 words that you can relate to the pictures on your collage. If necessary check the spelling of each word with other students or a dictionary before writing them on the back of the collage. The next day, the teacher will display the collages and assign one to each group of four. You will be given two minutes to silently look at the collage and review the words on the back of each. The collage will now be hung and the four team members will go to the collage and, taking turns, each will say one sentence that describes the items. The trick is to continue speaking and say as many things as you can that will tell about rooms and articles in the house and its surroundings. The group that can continue speaking the longest wins.

11 Using overhead transparencies, or large pictures of different style homes, the teacher will call upon students to say at least two or three sentences that describe the house and its surroundings.

12 Create a floor plan of your home. Label each room and area. Inside each room, write three verbs describing activities which can take place in that room. For example you would write the verb to cook, to clean, to wash (naturally in Portuguese) in the kitchen area. Be sure to label each story of the house as well as surrounding areas such as the garage, garden, deck, patio, etc. You may wish to go over some of these words at the board before writing them on your drawing.

13 The names of each room and area of the house are written on the chalkboard. Can you name three items that you could find in each room? Brainstorm with a partner until you can both come up with three different items in as many rooms as possible.

14 Your family has decided to sell their house. Make up an ad for the local Portuguese newspaper describing your home and the price you are asking.

View of Evora's old quarter from Cadaval Palace.

15 Using a local real estate ad, find pictures of four houses that have different features. Write the description under each one.

16 You and your friend will be exchange students in a Portuguese-speaking country next semester. The two of you are looking for an apartment to rent. In groups of four, two students may take the part of the exchange students and the other two take the parts of the apartment manager and the building inspector. Ask and answer questions you have about living in this apartment during the upcoming year. When you have practiced your speaking parts you may tape the conversation or form a skit for the class.

17 Using the classroom as different parts of the house, students in groups of four or five will design a layout for one room. Once completed, all students will tour and listen to descriptions of the room. All students in each group must share the responsibility of explaining certain features of the room.

18 The teacher will read a description of a house and its surroundings to you. You may not write, only listen to the description. The description can be read twice. After hearing the description the second time, you will write down everything you can remember about the house. Now try to think where this house would likely be located. You may include a drawing of what this house looks like.

19 Continue working in the *"Eu Sou"* booklet that you began to develop earlier in the year. Include information about all your family members and add a family tree.

20 Bring in pictures of family members and write their names underneath. Then give clues to the class about different family members and see if they can identify which members you are speaking about.

> **Example:** *Ela tem oitenta anos Ela tem cabelo branco e usa óculos.*
> When classmates see the photograph that describes your 80-year-old aunt, they say:
> *"Ela é a tia Maria José. Ela chama-se tia Maria José."*

21 Tell what you and your classmates have to do today and what you are going to do tomorrow.

> **Example:** Eu / ter que lavar o carro / lavar o gato.
> *Hoje eu tenho que lavar o carro, amanhã vou lavar o gato.*

1. Eu / falar com o professor / dançar com os amigos.
2. Nós / estudar para um teste / ver um filme.
3. Eu e ele / trabalhar / falar ao telefone com a Maria João.
4. A Teresa / escrever uma carta / comprar selos
5. Os professores / corrigir os exames / entregar os exames aos alunos.

22 Read the paragraphs below. Make a family chart of Márcia's family.

Faces on the wall of the Chapel of the Bones

    A família da Márcia é grande. Os avós paternos são Miguel e Ana, os avós maternos são Raul e Maria Luísa. O pai da Márcia chama-se Carlos e a mãe chama-se Ana Maria. A Márcia tem um irmão mais novo que se chama José, e ela, naturalmente, é a irmã mais velha. Ela tem quatro tios: O Luís e a Conceição são irmãos do pai e a Helena e a Fátima são irmãs da mãe. Para a Fátima, a Márcia é uma sobrinha divertida.

    A Márcia também tem dois tios por casamento. A Sara, a esposa do Luís, e o António, o marido da Fátima. A Sara e o Luís têm dois filhos que se chamam Marília e Pedro. Eles são primos da Márcia. O primo favorito da Márcia é o Guilherme. Ele é filho da Fátima e do António. Ele tem quatro anos, é o menino da família.

23 Each student will make up three to five questions about Márcia's family. Then, in pairs, they will answer each other's questions.

24 Students have tags with names from Márcia's family. Ask questions about family members. Students who have tags will get up and identify who they are.

> **Example:** *Quem é o pai da Márcia?*
>> Student with Carlos' name tag will respond: *Eu sou o pai da Márcia. Chamo-me Carlos.*

25 **Family Tic-Tac-Toe.** Students will make a tic-tac-toe card (nine squares, three-by-three). In each box they will fill in familial names (such as sister, brother, son). The teacher will then call out the names. The first person to get three boxes in a row—horizontal, vertical or diagonal—wins the game.

> **Example:** In box #1 you may put: *O irmão, a sobrinha, a avó*

Beautiful holm oak and cork oak groves can be seen along roads and highways throughout the Alentejo region. In Spring, the surrounding fields are blanketed with a colorful bed of wild flowers.

On the wharf at Cascais

Portuguese-English Dictionary

VOCABULÁRIO

a pé ~ on foot
aborrecido/a ~ boring
Abril ~ April
abrir ~ to open
acabar de ~ to finish (just)
Agosto ~ August
água mineral (a) ~ mineral water
água mineral com gás (a) ~ carbonated mineral water
água mineral sem gás (a) ~ noncarbonated mineral water
aí ~ there
ajudar ~ to help
aldeia (a) ~ village
Alemanha (a) ~ Germany
alemão ~ German
Álgebra ~ algebra
ali ~ over there
almoçar ~ to have lunch
almoço (o) ~ lunch
alto ~ tall
aluna (a) ~ student (female)
aluno (o) ~ student (male)
amanhã ~ tomorrow
amiga (a) ~ friend (female)
amigo (o) ~ friend (male)
andar ~ to walk
andar (o) ~ floor
Angola ~ Angola
angolano ~ Angolan
aniversário (o) ~ anniversary, birthday
antes de ~ before
antipático/a ~ unpleasant
apagador (o) ~ board eraser
apanhar ~ to get, to pick
apara-lápis (o) ~ pencil sharpener
apartamento (o) ~ apartment
apontamentos (os) ~ notes
aprender ~ to learn
aquecedor (o) ~ heating system
aquele ~ that
aqui ~ here
aquilo ~ that (over there)
Argentina (a) ~ Argentina
argentino ~ Argentinian
arranha-céus (o) ~ skyscraper
arroz-doce (o) ~ rice pudding
arrumar ~ to put away
arte ~ art
assistir ~ to assist, to attend
atender ~ to attend, to answer the phone
atraente ~ attractive

auditório (o) ~ auditorium
aula (a) ~ class
Austrália (a) ~ Australia
australiano ~ Austrian
autocarro (o) ~ bus
automóvel (o) ~ car
avó (a) ~ grandmother
avô (o) ~ grandfather
azul ~ blue
Baixa (a) ~ downtown
baixo/a ~ short
balão (o) ~ balloon
bancada (a) ~ counter
banco (o) ~ bank
bandeira (a) ~ flag
banheira (a) ~ bathtub
beber ~ to drink
biblioteca (a) ~ library
bica (a) ~ expresso coffee
bicicleta (a) ~ bicycle
bifana (a) ~ marinated pork steak
Biologia ~ biology
bom ~ good
bonito/a ~ pretty, handsome
borracha (a) ~ pencil eraser
Brasil (o) ~ Brazil
brasileiro ~ Brazilian
brincar ~ to play
cabelo branco ~ white hair
cabelo castanho ~ brown hair
cabelo preto ~ black hair
Cabo Verde ~ Cape Verde
cabo-verdiano ~ Cape Verdean
cadeira (a) ~ chair
cadeira de baloiço (a) ~ rocking chair
caderno (o) ~ notebook
caixa (a) ~ box
calculadora (a) ~ calculator
calendário (o) ~ calendar
cama (a) ~ bed
camioneta (a) ~ bus
Canadá (o) ~ Canada
canadiano ~ Canadian
candeeiro (o) ~ lamp
caneta (a) ~ pen
cantina (a) ~ cafeteria
cão (o) ~ dog
carro (o) ~ car
carteira (a) ~ student's desk
casa (a) ~ house
casa de banho (a) ~ bathroom
cedo ~ early
centro comercial (o) ~ mall

centro de recursos (o) ~ resource center
chegar ~ to arrive
China (a) ~ China
chinês ~ Chinese
chuveiro (o) ~ shower
cidade (a) ~ city
Ciências Naturais ~ natural science
cinema (o) ~ movie theater
começar ~ to begin
comer ~ to eat
comida (a) ~ food
como? ~ how?
cómoda (a) ~ bureau
complicado/a ~ complicated
comprar ~ to buy
compreender ~ to comprehend
computador (o) ~ computer
contabilidade ~ accounting
conversar ~ to converse
convidar ~ to invite
corajoso/a ~ courageous
corrigir ~ to correct
cozinha (a) ~ kitchen
criança (a) ~ child
cristaleira (a) ~ hutch
Cuba ~ Cuba
cubano ~ Cuban
Dactilografia ~ typing
dançar ~ to dance
de onde ? ~ from where?
departamento de indústria (o) ~ industrial department
departamento de tecnologia (o) ~ technology department
depois de ~ after
descafeinado (o) ~ decaffeinated coffee
desenhar ~ to draw
desonesto/a ~ dishonest
Dezembro ~ December
dia (o) ~ day
dias da semana (os) ~ days of the week
dicionário (o) ~ dictionary
difícil ~ difficult
dinheiro (o) ~ money
discoteca (a) ~ night club
divertido/a ~ happy, funny
dividir ~ to divide
domingo ~ Sunday
Dona (a) ~ Ms., Mrs., title given to a woman
edifício (o) ~ building

Educação Física ~ physical education
empregado (o) ~ waiter
ensinar ~ to teach
entender ~ to understand
entrar ~ to enter
entre ~ between
entrevista (a) ~ interview
escadas (as) ~ stairs
escalar ~ to climb
escola (a) ~ school
escola secundária (a) ~ high school
Espanha (a) ~ Spain
espanhol ~ Spanish
esplanada (a) ~ outdoor café
esposa (a) ~ wife
esquiar ~ to ski
esse ~ that
estádio de futebol (o) ~ soccer stadium
Estados Unidos (os) ~ United States
estante (a) ~ bookcase
estar ~ to be
este ~ this
estudante (o,a) ~ student (male/female)
estudar ~ to study
estudioso/a ~ studious
fácil ~ easy
falar ~ to speak
família (a) ~ family
fantástico/a ~ fantastic
feio/a ~ ugly
festa (a) ~ party
festejar ~ to celebrate
Fevereiro ~ February
filha (a) ~ daughter
filho (o) ~ son
Filipinas (as) ~ Philippines
filipino ~ Philippine
fim-de-semana (o) ~ weekend
fogão (o) ~ stove
forno (o) ~ oven
forte ~ strong
França (a) ~ France
francês ~ French
frigorífico (o) ~ refrigerator
gabinete (o) ~ office
galão (o) ~ expresso and milk in a tall glass
gastar ~ to spend
gato/a (o,a) ~ cat
gelado (o) ~ ice cream
giro/a ~ cute, neat (slang)
giz (o) ~ chalk

globo (o) ~ globe
gordo/a ~ fat
gostar ~ to like
gostar mais de ~ to prefer
grande ~ big
Grécia (a) ~ Greece
grego ~ Greek
Guiné-Bissau (a) ~ Guinea-Bissau
guineense ~ Guinean
há ~ there is, there are
hoje ~ today
honesto/a ~ honest
horrível ~ horrible
Inglaterra (a) ~ England
inglês ~ English
insistir ~ to insist
inteligente ~ intelligent
interessante ~ interesting
ir ~ to go
Irlanda (a) ~ Ireland
irlandês ~ Irish
isso ~ that
isto ~ this
Itália (a) ~ Italy
italiano ~ Italian
Janeiro ~ January
janela (a) ~ window
Japão (o) ~ Japan
japonês ~ Japanese
jardim (o) ~ garden
jogar às cartas ~ to play cards
jogo de futebol (o) ~ soccer game
jovem ~ youth, young
Julho ~ July
Junho ~ June
laboratório (o) ~ laboratory
lápis (o) ~ pencil
lavabo (o) ~ bathroom
lavatório (o)~ bathroom sink
ler ~ to read
levar ~ to take
líquido corrector (o) ~ correction fluid
livro (o) ~ book
loiro/a ~ blond
louceiro (o) ~ hutch
mãe (a) ~ mother
magro/a ~ thin
Maio ~ May
mala (a) ~ suitcase
mapa (o) ~ map
máquina de lavar roupa (a) ~
    washing machine
máquina de secar roupa (a) ~ dryer
Março ~ March
marido (o) ~ husband
Matemática ~ mathematics
meia hora ~ half an hour
menina (a) ~ girl
menino (o) ~ boy
menos ~ minus
mês (o) ~ month

mesa (a) ~ table
mesa de cabeceira (a) ~ night table
meses do ano (os) ~ months of
    the year
meter ~ to put, to place
meu(s) ~ my (masculine)
mexicano ~ Mexican
México (o) ~ Mexico
minha(s) ~ my (feminine)
moçambicano ~ Mozambican
Moçambique ~ Mozambique
mochila (a) ~ backpack
moeda (a) ~ coin
morar ~ to live
moreno/a ~ dark complexion
mota (a) ~ motorcycle
mulher (a) ~ woman
música ~ music
nadar ~ to swim
neta (a) ~ grandaughter
neto (o) ~ grandson
nota (a) ~ bill
Novembro ~ November
novo ~ new/ young
o que? ~ what?
olhar (para) ~ to look (at)
onde? ~ where?
ônibus (o) ~ bus
ontem ~ yesterday
outro ~ other
Outubro ~ October
ouvir ~ to listen to
paciente ~ patient
pai (o) ~ father
pais (os) ~ parents
papel (o) ~ paper
parque (o) ~ park
partir ~ to leave, to depart, to break
pastéis de bacalhau (os) ~
    codfish cakes
pastel de feijão (o) ~ bean tart
pastel de nata (o) ~ custard pastry
patinar ~ to skate
pequeno/a ~ small
perceber ~ to understand, to perceive
perigoso/a ~ dangerous
pintar ~ to paint
piscina (a) ~ swimming pool
poltrona (a) ~ armchair
popular ~ popular
porta (a) ~ door
Portugal ~ Portugal
português ~ Portuguese
povoação (a)~ hamlet
praia (a) ~ beach
praticar ~ to practice
preferir ~ to prefer
prego (o) ~ steak sandwich
preguiçoso/a ~ lazy
preparar ~ to prepare
prima (a) ~ female cousin

Mosteiro dos Jerónimos, Lisbon

primeiro ~ first
primo (o) ~ male cousin
professor (o) ~ teacher (male)
professora (a) ~ teacher (female)
quadro (o) ~ picture, board
quando? ~ when?
quanto? ~ how much?
quarta-feira ~ Wednesday
quarto (o) ~ quarter, room
quarto de cama (o) ~ bedroom
quarto de estudo (o) ~ study room
quem? ~ who?
química ~ chemistry
quinta-feira ~ Thursday
quintal (o) ~ backyard
rapariga (a) ~ girl
rapaz (o) ~ boy
receber ~ to receive
refeitório (o) ~ cafeteria
régua (a) ~ ruler
relógio (o) ~ watch, clock
rés-do-chão (o) ~ first floor
responder ~ to answer, to respond
rissóis de camarão (os) ~
    shrimp rissole
ruivo/a ~ red hair
Rússia (a) ~ Russia
russo ~ Russian
sábado ~ Saturday
sala (a) ~ living room
sala de aula (a) ~ classroom
sala de estar (a) ~ family room
sala de informática (a) ~
    computer lab
sala de jantar (a) ~ dining room
sala de música (a) ~ music room
sala dos professores (a) ~
    faculty room
sandes mista (a) ~
    ham and cheese sandwich
São Tomé e Príncipe ~
    Sao Tome and Principe
São tomense ~ Sao Tomean
saúde (a)~ health
secretária (a) ~ teacher's desk/secretary

segue ~ follows
segunda-feira ~ Monday
senhor (o) ~ Mr., sir/gentleman/man
senhora (a) ~ Mrs., lady/woman
ser ~ to be
sério/a ~ serious
Setembro ~ September
sexta-feira ~ Friday
simpático/a ~ friendly, pleasant
sincero/a ~ sincere
sobrinha (a) ~ niece
sobrinho (o) ~ nephew
sofá (o) ~ sofa
sonhar ~ to dream
sótão (o) ~ attic
sumo de laranja (o) ~ orange juice
tarde ~ late
teatro (o) ~ theater
telefonar ~ to telephone
telhado (o) ~ roof
temperatura (a) ~ temperature
ter ~ to have
ter que ~ must/ have to
terça-feira ~ Tuesday
tia (a) ~ aunt
tímido/a ~ timid
Timor ~ Timor
timorense ~ Timorese
tio (o) ~ uncle
tirar ~ to take
tocar ~ to play (an instrument)
trabalhar ~ to work
tratar ~ to treat, take care of
treinar ~ to train
Trigonometria ~ trigonometry
unir ~ to unite
universidade (a) ~ university
usar ~ to use
velho/a ~ old
vender ~ to sell
ver ~ to see, to watch
vila (a) ~ town
violino (o) ~ violin
visitar ~ to visit
vivenda (a) ~ single family house

EXPRESSÕES

A quantos estamos? ~
    What is the date?
A que horas é...? ~
    At what time is...?
adeus ~ goodbye
às vezes ~ sometimes
assim-assim ~ so-so
até à próxima ~ until the next time
até à vista ~ until we meet again
até amanhã ~ see you tomorrow
até já ~ see you soon
até logo ~ see you later
até para a semana ~ until next week
boa noite ~ good night, good evening
boa tarde ~ good afternoon
bom dia ~ good morning
cai neve ~ it's snowing
Chamo-me ... ~ My name is...
chove ~ it's raining
Como é? ~ How is?
Como está a temperatura hoje? ~
    What is the temperature today?

Como está o tempo? ~
    How is the weather?
Como está(s)? ~ How are you?
Como são...? ~ How are...?
Como se chama? ~
    What is your name? (formal)
Como te chamas? ~
    What is your name? (informal)
Como vai(s)? ~ How is it going?
da manhã ~ in the morning
da noite ~ at night
da tarde ~ in the afternoon
De nada. ~ You're welcome.
De onde é(s)? ~ Where are you from?
De onde sou? ~ Where am I from?
de vez em quando ~ once in a while
divertir-se ~ to have a good time
E o/a senhor/a? ~ And you? (formal)
E tu? ~ And you? (informal)
É um prazer. ~ It's a pleasure.
em ponto ~
    (o'clock) sharp, on the dot

Câmara de Lobos, Madeira

Em que estação estamos? ~
    What season are we in?
Está a chover ~ it's raining.
Está a nevar ~ it's snowing.
Está bom tempo. ~
    The weather is good.
Está calor ~ it's hot.
Está encoberto ~ it's cloudy.
Está húmido ~ it's humid.
Está mau tempo. ~
    The weather is bad.
Está nublado ~ It's cloudy.
Está sol ~ It's sunny.
Está vento ~ It's windy.
estar aborrecido ~ to be bored
estar alegre ~ to be happy
estar com calor ~ to be hot
estar com fome ~ to be hungry
estar com frio ~ to be cold
estar com medo ~ *to be afraid*
estar com sede ~ to be thirsty
estar com sono ~ to be sleepy
estar com vontade de ~ to feel like
estar triste ~ to be sad
estar zangado ~ to be upset
Estou bem. ~ I'm fine. I'm well.
Faço __ anos. ~ I'll be __ years old.
faz bom tempo ~ the weather is good
faz calor ~ it's hot
(se) faz favor ~ please
faz frio ~ it's cold
faz mau tempo ~ the weather is bad
faz sol ~ it's sunny
faz vento ~ it's windy
igualmente ~ likewise
mais ou menos ~ more or less
Muito gosto. ~ It's a pleasure,
Muito prazer. ~ It's a pleasure,
não tem de quê ~ You're welcome
nem sempre ~ not always
neva ~ it's snowing

nunca ~ never
O meu nome é... ~ My name is ...
O que é? ~ What is?
obrigado/a ~ thank you
olá ~ hello
por favor ~ please
por isso ~ therefore
Qual é a data? ~ What is the date?
Qual é a tua nacionalidade? ~
    What is your nationality?
quando ~ when
Quando fazes anos? ~
    When is your birthday?
Quanto custa? ~
    How much does it cost?
Quanto é? ~ How much is it?
Quantos anos fazes? ~
    How old are you going to be?
Quantos anos tens? ~
    How old are you?
quase sempre ~ almost always
Que horas são? ~ What time is it?
Que idade tens? ~ How old are you?
Que temperatura faz? ~
    What is the temperature?
Que tempo faz no Verão? ~ How is
    the weather in summer?
Quem é? ~ Who is it?
sempre ~ always
Sou de ... ~ I'm from ...
ter calor ~ to be hot
ter fome ~ to be hungry
ter frio ~ to be cold
ter medo ~ to be afraid
ter pressa ~ to be in a hurry
ter sede ~ to be thirsty
ter sono ~ to be sleepy
ter vontade de ~ to feel like
Tudo bem. ~ Everything is okay.
Tudo bem? ~ Is everything okay?
Vou bem. ~ I'm fine.

Forte de Santiago, Sesimbra

English-Portuguese Dictionary

Vocabulary

accounting ~ *Contabilidade*
after ~ *depois de*
algebra ~ *Álgebra*
Angola ~ *Angola*
Angolan ~ *angolano*
anniversary ~ *aniversário (o)*
answer *(v.)* ~ *responder*
answer the phone *(v.)* ~ *atender*
apartment ~ *apartamento (o)*
April ~ *Abril*
Argentina ~ *Argentina (a)*
Argentinian ~ *argentino*
armchair ~ *poltrona (a)*
arrive *(v.)* ~ *chegar*
art ~ *arte*
assist *(v.)* ~ *assistir*
attend *(v.)* ~ *assistir, atender*
attic ~ *sótão (o)*
attractive ~ *atraente*
auditorium ~ *auditório (o)*
August ~ *Agosto*

aunt ~ *tia (a)*
Australia ~ *Austrália (a)*
Australian ~ *australiano*
backpack ~ *mochila (a)*
backyard ~ *quintal (o)*
balloon ~ *balão (o)*
bank ~ *banco (o)*
bathroom ~
    casa de banho (a) / lavabo (o)
bathroom sink ~ *lavatório (o)*
bathtub ~ *banheira (a)*
be *(v.)* ~ *ser, estar*
beach ~ *praia (a)*
bean tart ~ *pastel de feijão (o)*
bed ~ *cama (a)*
bedroom ~ *quarto de cama (o)*
before ~ *antes de*
begin *(v.)* ~ *começar*
between ~ *entre*
bicycle ~ *bicicleta (a)*
big ~ *grande*

bill ~ *nota (a), conta (a)*
biology ~ *Biologia*
birthday ~ *aniversário (o)*
black hair ~ *cabelo preto*
blond ~ *loiro/a*
blue ~ *azul*
board ~ *quadro (o)*
board eraser ~ *apagador (o)*
book ~ *livro (o)*
bookcase ~ *estante (a)*
boring ~ *aborrecido/a*
box ~ *caixa (a)*
boy ~ *menino (o), rapaz (o)*
Brazil ~ *Brasil (o)*
Brazilian ~ *brasileiro*
brown hair ~ *cabelo castanho*
building ~ *edifício (o)*
bureau ~ *cómoda (a)*
bus ~ *autocarro (o), camioneta (a),*
    ônibus (o)
buy *(v.)* ~ *comprar*

cafeteria ~ *cantina (a), refeitório (o)*
calculator ~ *calculadora (a)*
calendar ~ *calendário (o)*
Canada ~ *Canadá (o)*
Canadian ~ *canadiano*
Cape Verde ~ *Cabo Verde*
Cape Verdean ~ *cabo-verdiano*
car ~ *automóvel (o) , carro (o)*
carbonated mineral water ~
    água mineral com gás (a)
cat ~ *gato/a (o,a)*
celebrate *(v.)* ~ *festejar, celebrar*
chair ~ *cadeira (a)*
chalk ~ *giz (o)*
chemistry ~ *Química*
child ~ *criança (a)*
China ~ *China (a)*
chinese ~ *chinês*
city ~ *cidade (a)*
class ~ *aula (a)*
classroom ~ *sala de aula (a)*

Depot at Avanca

climb *(v.)* ~ *escalar*
clock ~ *relógio (o)*
codfish cakes ~
    pastéis de bacalhau (os)
coin ~ *moeda (a)*
complicated ~ *complicado/a*
comprehend *(v.)* ~ *compreender*
computer ~ *computador (o)*
computer lab ~
    sala de informática (a)
converse *(v.)* ~ *conversar*
correct *(v.)* ~ *corrigir*
correction fluid ~ *líquido corrector (o)*
counter ~ *bancada (a)*
courageous ~ *corajoso/a*
cousin ~ *primo (o)*
Cuba ~ *Cuba*
Cuban ~ *cubano*
custard pastry ~ *pastel de nata (o)*
cute ~ *giro/a*
dance *(v.)* ~ *dançar*
dangerous ~ *perigoso/a*
dark complexion ~ *moreno/a*
daughter ~ *filha (a)*
day ~ *dia (o)*

days of the week ~
    dias da semana (os)
decaffeinated coffee ~
    descafeinado (o)
December ~ *Dezembro*
depart *(v.)* ~ *partir*
desk ~ *secretária (a)*
dictionary ~ *dicionário (o)*
difficult ~ *difícil*
dining room ~ *sala de jantar (a)*
dishonest ~ *desonesto/a*
divide *(v.)* ~ *dividir*
dog ~ *cão (o)*
door ~ *porta (a)*
downtown ~ *Baixa (a)*
draw *(v.)* ~ *desenhar*
dream *(v.)* ~ *sonhar*
drink *(v.)* ~ *beber*
dryer ~ *máquina de secar roupa (a)*
early ~ *cedo*
easy ~ *fácil*
eat *(v.)* ~ *comer*
England ~ *Inglaterra (a)*
English ~ *inglês*
enter *(v.)* ~ *entrar*

espresso and milk ~ *galão (o)*
espresso coffee ~ *bica (a)*
faculty room ~ *sala dos professores (a)*
family ~ *família (a)*
family room ~ *sala de estar (a)*
fantastic ~ *fantástico/a*
fat ~ *gordo/a*
father ~ *pai (o)*
February ~ *Fevereiro*
female cousin ~ *prima (a)*
finish (just) *(v.)* ~ *acabar de*
first ~ *primeiro*
first floor ~ *rés-do-chão (o)*
flag ~ *bandeira (a)*
floor ~ *andar (o), chão (o)*
follows ~ *segue*
food ~ *comida (a)*
France ~ *França (a)*
French ~ *francês*
Friday ~ *sexta-feira*
friend ~ *amigo/a (o,a)*
friendly ~ *simpático/a*
from where? ~ *de onde ?*
funny ~ *divertido/a*
garden ~ *jardim (o)*

gentleman ~ *senhor (o)*
German ~ *alemão*
Germany ~ *Alemanha (a)*
get *(v.)* ~ *apanhar*
girl ~ *menina (a) , rapariga (a)*
globe ~ *globo (o)*
go *(v.)* ~ *ir*
good ~ *bom*
grandaughter ~ *neta (a)*
grandfather ~ *avô (o)*
grandmother ~ *avó (a)*
grandson ~ *neto (o)*
Greece ~ *Grécia (a)*
Greek ~ *grego*
Guinea-Bissau ~ *Guiné-Bissau (a)*
Guinean ~ *guineense*
half an hour ~ *meia hora*
ham and cheese sandwich ~
    sandes mista (a)
hamlet ~ *povoação (a)*
handsome ~ *bonito/a*
happy ~ *divertido/a*
have *(v.)* ~ *ter*
have to ~ *ter que*
have lunch *(v.)* ~ *almoçar*

Praça do Comércio, Lisbon

health ~ *saúde*
heating system ~ *aquecedor (o)*
help *(v.)* ~ *ajudar*
here ~ *aqui*
high school ~ *escola secundária (a)*
honest ~ *honesto/a*
horrible ~ *horrível*
house ~ *casa (a)*
how much? ~ *quanto?*
how? ~ *como?*
husband ~ *marido (o)*
hutch ~ *cristaleira (a), louceiro (o)*
ice cream ~ *gelado (o)*
industrial department ~
    departamento de indústria (o)
insist *(v.)* ~ *insistir*
intelligent ~ *inteligente*
interesting ~ *interessante*
interview ~ *entrevista (a)*
invite *(v.)* ~ *convidar*
Ireland ~ *Irlanda (a)*
Irish ~ *irlandês*
Italian ~ *italiano*
Italy ~ *Itália (a)*
January ~ *Janeiro*
Japan ~ *Japão (o)*
Japanese ~ *japonês*
July ~ *Julho*
June ~ *Junho*
kitchen ~ *cozinha (a)*
laboratory ~ *laboratório (o)*
lady ~ *senhora (a)*
lamp ~ *candeeiro (o)*
late ~ *tarde*
lazy ~ *preguiçoso/a*
learn *(v.)* ~ *aprender*
leave *(v.)* ~ *partir*
library ~ *biblioteca (a)*
like *(v.)* ~ *gostar*
listen *(v.)* ~ *ouvir*
live *(v.)* ~ *morar, viver*
living room ~ *sala (a)*
look (at) *(v.)* ~ *olhar (para)*
lunch ~ *almoço (o)*
male cousin ~ *primo (o)*
mall ~ *centro comercial (o)*
map ~ *mapa (o)*
March ~ *Março*
marinated pork steak ~ *bifana (a)*
mathematics ~ *Matemática*
May ~ *Maio*
Mexican ~ *mexicano*
Mexico ~ *México (o)*
mineral water ~ *água mineral (a)*
minus ~ *menos*
Monday ~ *segunda-feira*
money ~ *dinheiro (o)*
month ~ *mês (o)*
months of the year ~
    meses do ano (os)

mother ~ *mãe (a)*
motorcycle ~ *mota (a)*
movie theater ~ *cinema (o)*
Mozambican ~ *moçambicano*
Mozambique ~ *Moçambique*
Mr. ~ *Senhor (o)*
Mrs. ~ *Senhora (a)*
Ms. ~ *Dona (a), D.*
music ~ *música*
music room ~ *sala de música (a)*
must ~ *ter que*
my ~ *(o/os) meu(s), (a/as) minha(s)*
natural science ~ *Ciências Naturais*
nephew ~ *sobrinho (o)*
new ~ *novo*
niece ~ *sobrinha (a)*
night club ~ *discoteca (a)*
night table ~ *mesa de cabeceira (a)*
noncarbonated mineral water ~
    água mineral sem gás (a)
notebook ~ *caderno (o)*
notes ~ *apontamentos (os)*
November ~ *Novembro*
October ~ *Outubro*
office ~ *gabinete (o)*
old ~ *velho/a, idoso/a*
on foot ~ *a pé*
open *(v.)* ~ *abrir*
orange juice ~ *sumo de laranja (o)*
other ~ *outro*
outdoor café ~ *esplanada (a)*
oven ~ *forno (o)*
over there ~ *ali*
paint *(v.)* ~ *pintar*
paper ~ *papel (o)*
parents ~ *pais (os)*
park ~ *parque (o)*
party ~ *festa (a)*
patient ~ *paciente*
pen ~ *caneta (a)*
pencil ~ *lápis (o)*
pencil eraser ~ *borracha (a)*
pencil sharpener ~ *apara-lápis (o)*
perceive *(v.)* ~ *perceber*
Philippine ~ *filipino*
Philippines ~ *Filipinas (as)*
physical education ~ *Educação Física*
pick *(v.)* ~ *apanhar*
place *(v.)* ~ *meter*
play *(v.)* ~ *brincar*
play (an instrument) *(v.)* ~ *tocar*
play cards *(v.)* ~ *jogar às cartas*
picture ~ *quadro (o)*
pleasant ~ *simpático/a*
popular ~ *popular*
Portugal ~ *Portugal*
Portuguese ~ *português*
practice *(v.)* ~ *praticar*
prefer *(v.)* ~ *gostar mais de, preferir*
prepare *(v.)* ~ *preparar*

pretty ~ *bonito/a*
put *(v.)* ~ *meter*
put away *(v.)* ~ *arrumar*
quarter ~ *quarto*
read *(v.)* ~ *ler*
receive *(v.)* ~ *receber*
red hair ~ *ruivo/a*
refrigerator ~ *frigorífico (o)*
resource center ~ *centro de recursos (o)*
respond *(v.)* ~ *responder*
rice pudding ~ *arroz-doce (o)*
rocking chair ~ *cadeira de baloiço (a)*
roof ~ *telhado (o)*
room ~ *quarto (o)*
ruler ~ *régua (a)*
Russia ~ *Rússia (a)*
Russian ~ *russo*
Sao Tome and Principe ~
    São Tomé e Príncipe
Sao Tomean ~ *são tomense*
Saturday ~ *sábado*
school ~ *escola (a)*
secretary ~ *secretária (a)*
see *(v.)* ~ *ver*
sell *(v.)* ~ *vender*
September ~ *Setembro*
serious ~ *sério/a*
short ~ *baixo/a*
shower ~ *chuveiro (o)*
shrimp rissole ~ *rissóis de camarão (os)*
sincere ~ *sincero/a*
single family house ~ *vivenda (a)*
sir ~ *senhor (o)*
skate *(v.)* ~ *patinar*
ski *(v.)* ~ *esquiar*
skyscraper ~ *arranha-céus (o)*
small ~ *pequeno/a*
soccer game ~ *jogo de futebol (o)*
soccer stadium ~ *estádio de futebol (o)*
sofa ~ *sofá (o)*
son ~ *filho (o)*
Spain ~ *Espanha (a)*
Spanish ~ *espanhol*
speak *(v.)* ~ *falar*
spend *(v.)* ~ *gastar*
stairs ~ *escadas (as)*
steak sandwich ~ *prego (o)*
stove ~ *fogão (o)*
strong ~ *forte*
student ~
    aluno/a (o, a), estudante (o, a)
student's desk ~ *carteira (a)*
studious ~ *estudioso/a*
study *(v.)* ~ *estudar*
study room ~ *quarto de estudo (o)*
suitcase ~ *mala (a)*
Sunday ~ *domingo*
swim *(v.)* ~ *nadar*
swimming pool ~ *piscina (a)*
table ~ *mesa (a)*

take *(v.)* ~ *levar, tirar*
take care of *(v.)* ~ *tratar de*
tall ~ *alto*
teach *(v.)* ~ *ensinar*
teacher (female) ~ *professora (a)*
teacher (male) ~ *professor (o)*
teacher's desk ~ *secretária (a)*
technology department ~
    departamento de tecnologia (o)
telephone *(v.)* ~ *telefonar*
temperature ~ *temperatura (a)*
that ~ *esse, isso, aquele, aquilo*
theater ~ *teatro (o)*
there ~ *aí*
there is, there are ~ *há*
thin ~ *magro/a*
this ~ *este, isto*
Thursday ~ *quinta-feira*
timid ~ *tímido/a*
Timor ~ *Timor*
Timorese ~ *timorense*
today ~ *hoje*
tomorrow ~ *amanhã*
town ~ *vila (a)*
train *(v.)* ~ *treinar*
treat *(v.)* ~ *tratar*
trigonometry ~ *Trigonometria*
Tuesday ~ *terça-feira*
typing ~ *Dactilografia*
ugly ~ *feio/a*
uncle ~ *tio (o)*
understand *(v.)* ~ *entender, perceber*
unite *(v.)* ~ *unir*
United States ~ *Estados Unidos (os)*
university ~ *universidade (a)*
unpleasant ~ *antipático/a*
use *(v.)* ~ *usar*
village ~ *aldeia (a)*
violin ~ *violino (o)*
visit *(v.)* ~ *visitar*
waiter ~ *empregado (o)*
walk *(v.)* ~ *andar (a pé)*
washing machine ~
    máquina de lavar roupa (a)
watch ~ *relógio (o)*
watch *(v.)* ~ *ver*
Wednesday ~ *quarta-feira*
weekend ~ *fim-de-semana (o)*
what? ~ *o que?*
when? ~ *quando?*
where? ~ *onde?*
white hair ~ *cabelo branco*
who? ~ *quem?*
wife ~ *esposa (a), mulher (a)*
window ~ *janela (a)*
woman ~ *mulher (a), senhora (a)*
work *(v.)* ~ *trabalhar*
yesterday ~ *ontem*
young ~ *jovem, novo*
youth ~ *jovem*

Expressions

almost always ~ *quase sempre*
always ~ *sempre*
And you? ~ *E tu?, E o/a senhor/a?*
at night ~ *da noite, à noite*
At what time is…? ~
   A que horas é…?
Everything is okay. ~ *Tudo bem.*
good afternoon ~ *boa tarde*
good morning ~ *bom dia*
good night, good evening ~ *boa noite*
goodbye ~ *adeus*
hello ~ *olá*
How are you? ~ *Como está(s)?*
How are…? ~ *Como são…?*
How is it going? ~ *Como vai(s)?*
How is the weather in summer? ~
   Que tempo faz no Verão?
How is the weather? ~
   Como está o tempo?
How is? ~ *Como é?*
How much does it cost? ~
   Quanto custa?
How much is it? ~ *Quanto é?*
How old are you going to be? ~
   Quantos anos faz(es)?
How old are you? ~
   Quantos anos tem (tens)?
I'll be ___ years old. ~ *Faço ___ anos.*

I'm fine. ~ *Vou bem .*
I'm fine. I'm well. ~ *Estou bem.*
I'm from… ~ *Sou de…*
in the afternoon ~ *da tarde*
in the morning ~ *da manhã*
Is everything okay? ~ *Tudo bem?*
It's a pleasure. ~ *É um prazer.*
   muito gosto, muito prazer
it's cloudy ~
   está encoberto, está nublado
it's cold ~ *está frio, faz frio*
it's hot ~ *está calor, faz calor*
it's humid ~ *está húmido*
it's raining ~ *chove, está a chover*
it's snowing ~
   cai neve, está a nevar, neva
it's sunny ~ *está sol, faz sol*
it's windy ~ *está vento, faz vento*
likewise ~ *igualmente*
more or less ~ *mais ou menos*
My name is … ~
   O meu nome é … Chamo-me…
never ~ *nunca*
not always ~ *nem sempre*
once in a while ~ *de vez em quando*
on the dot ~ *em ponto*
please ~ *(se) faz favor, por favor*
see you later ~ *até logo*

see you soon ~ *até já*
see you tomorrow ~ *até amanhã*
(o'clock) sharp ~ *em ponto*
so-so ~ *assim-assim*
sometimes ~ *às vezes*
thank you ~ *obrigado/a*
The weather is bad. ~
   Está mau tempo. Faz mau tempo.
The weather is good. ~
   Está bom tempo. Faz bom tempo.
therefore ~ *por isso*
to be afraid ~
   estar com medo, ter medo
to be bored ~ *estar aborrecido*
to be cold ~ *estar com frio, ter frio*
to be happy ~
   estar alegre, estar contente
to be hot ~ *estar com calor, ter calor*
to be hungry ~
   estar com fome, ter fome
to be in a hurry ~ *estar com pressa,*
   ter pressa
to be sad ~ *estar triste*
to be sleepy ~ *estar com sono, ter sono*
to be thirsty ~ *estar com sede, ter sede*
to be upset ~ *estar zangado*
to feel like ~ *estar com vontade de,*
   ter vontade de

to have a good time ~ *divertir-se*
until next week ~ *até para a semana*
until the next time ~ *até à próxima*
until we meet again ~ *até à vista*
What is the date? ~ *A quantos*
   estamos? Qual é a data?
What is the temperature today? ~
   Como está a temperatura hoje?
What is the temperature? ~
   Que temperatura faz?
What is your name? (formal) ~
   Como se chama?
What is your name? (informal) ~
   Como te chamas?
What is your nationality? ~
   Qual é a sua (tua) nacionalidade?
What is? ~ *O que é?*
What season are we in? ~
   Em que estação estamos?
What time is it? ~ *Que horas são?*
when ~ *quando*
When is your birthday? ~
   Quando fazes anos?
Where am I from? ~ *De onde sou?*
Where are you from? ~ *De onde é(s)?*
Who is it? ~ *Quem é?*
You're welcome. ~
   Não tem de quê. De nada.

View of Nazaré from the Sítio cliffs.

Index

Art Credits

PHOTOGRAPHY *(letter signifies position: left to right, top to bottom)*

Peter Pereira ~ 23d; 24a; 58a; 70d; 97b; 124a; 127d; 158a; 172d,f

John K. Robson ~ 5a,b; 22c; 23c; 29a-c; 31a; 34d; 35a,b; 36; 37b; 44d,e; 45a-e; 49; 50a,b; 51–53; 54a,c; 55a,d; 58b,d,e; 59; 60b; 61a,c,d; 62; 64b; 65a; 67a; 69e; 72a; 73; 75; 77; 79a; 80–87; 90a; 92a; 97e; 98a,b; 100a-d,f; 101; 103; 108; 110c; 111a; 112; 114–117; 121; 127e,f; 128a,b; 132; 133a,b; 134b,d; 138b; 139a; 140c; 143; 145; 146e,g,h; 147; 156–57; 159a,c,d; 164a; 165; 167b; 169a; 170; 172b; 175a,b; 176c,g,h; 177; 180; 183a,b; 185a; 186c; 187; 188a; 189a,b; 191a,b,e,f; 193b; 193c; 194; 196; 200; 202–03; 207

Joseph D. Thomas ~ 6; 16; 17a,b; 18–21; 22a,b; 23a,b; 24b,c; 25a,b; 26a,b; 27a-c; 31b,c; 32–33; 34a-c,e; 37a; 41; 42a-c; 44–45 background; 44b,c,f; 45f; 47; 50c,d; 54b; 55b,c,e-g; 60a,c; 61b; 63; 64a; 65b; 67b; 68; 69a-c; 70; 71; 72b; 78; 79b,c; 88–89; 90b,c; 91; 92b; 93; 94; 95; 96a-d; 97a,c,d; 98c,d; 99; 100e; 102; 104–107; 109; 110a,b; 111b; 120; 122–23; 124b; 126; 127a-c; 128c,d; 129–131; 133c,d; 134a,c; 135; 137; 138a; 139b; 140a,b; 141-42; 146a-d; 146f; 155; 158b; 159b,e; 162–63; 164b; 166; 167a; 169b; 171; 172a,c,e; 175c; 176a,b,d-g,i-k; 179; 181; 183c-f; 185b; 186a,b; 188b; 189c; 190; 191c,d; 193a; 195; 197; 198; 201b; 205, 208

ILLUSTRATION

David Blanchette ~ classroom illustrations 29; 31; 33

Hannah Haines ~ 24c; 56; 57; 59; 76; 92; 104; 111; 113; 124; 125; 130; 138; 139; 160; 168; 174; all tile illustrations and wallpaper backgrounds distinguishing chapters and sections.

COVER DESIGN ~ *Hannah Haines*

COVER PHOTO ~
John K. Robson ~ St. Ildefonso Church, Porto

ELECTRONIC IMAGING ~ *Jay Avila*

Pousada do Castelo, Óbidos